L'enseignement tradi-
tionnel se transmet
essentiellement au tra-
vers d'une relation,
celle du maître et du
disciple.
Le livre, comme ex-
pression écrite de cet
enseignement, devient
alors ce qui relie l'ins-
tructeur et le lecteur,
ou plus précisément le
Réel et le lecteur.
La lecture peut ainsi
être l'occasion d'une
pratique, celle de la
relation consciente.

Lege, lege, relege... et religa.
Lis, lis et relis... et relie.

AU CŒUR DE LA GROTTE

CONTES ET HISTOIRES
D'UN ERMITE

FRÈRE ANTOINE

AU CŒUR DE LA GROTTE

CONTES ET HISTOIRES
D'UN ERMITE

Les Éditions du Relié
84220 Gordes
France

Collection « Prétextes »

En couverture :
« Saint Antoine », Taddéo Crivelli.
D.R. J. Paul Getty Museum, Los Angeles.

© 1998 Les Éditions du Relié
ISBN 2-909698-26-2
ISSN 1242-6563

TABLE DES MATIÈRES

NOTE BIOGRAPHIQUE

Natif de Mayenne, frère Antoine a fait neuf années de noviciat canonique dans diverses abbayes. Ces séjours furent entrecoupés de retours dans le monde et de voyages en Afrique et en Inde. Installé au Rocher de Roquebrune pendant une trentaine d'années, il y recevait des gens de passage.

Économie

Celui qui tous les matins, par l'oraison et la méditation, donne un coup de téléphone vertical écono-
mise dans la journée cinquante coups de téléphone à
l'horizontale.

Dire merci

Il est des langues où le merci n'existe pas. On a dû, pour l'aligner sur toutes les autres, aller l'emprunter à la langue du pays voisin. Dans ce pays, les gens se contentaient de joindre les mains en souriant pour dire « s'il vous plaît » et de sourire en joignant les mains pour dire « merci ».

L'important, quand on manque de quelque chose, c'est de donner plus. Mais quand un enfant à qui l'on a donné un bichoco dit « merci », quand un sacristain dit « merci » en tendant le plateau, quand le percepteur dit « merci » derrière son guichet, tout le monde sait bien que cela signifie « encore ».

L'argent

On cite comme une abomination le fait que l'ermite vive avec l'argent des autres. Il pousse en réalité l'insolence bien plus loin, car non seulement il vit grâce à l'argent des autres, mais il n'a en outre aucun des inconvénients que connaissent ceux qui en possèdent : la peur de le perdre, le souci de l'augmenter, la dépression quand il fout le camp...

Ramer à l'envers

Une nuit, alors que je traversais un village indien, au beau milieu de la place publique j'aperçus un petit tas de cinquante centimètres de haut sous une couverture.

Intrigué, je me penchai au-dessus de ce petit tas et entendis une voix qui disait : « *Ram* ! *Ram* ! *Ram* ! *Ram* ! », « Dieu ! Dieu ! Dieu ! Dieu ! »

Quelques jours plus tard, devant l'entrée de l'ambassade de France de Calcutta, je vis un jeune Français assis sur les marches qui disait : « Marre, marre, marre, marre ! » Tiens, me dis-je, en voilà un qui rame à l'envers !

Diffamation

Un couple avait été mal reçu par un ermite. Sans doute ces gens s'attendaient-ils à un objet touristique dans le genre musée Grévin. Furieux de ce mauvais accueil, ils s'en furent trouver un journaliste et lui demandèrent de pondre un article diffamatoire, médisant et calomniateur sur ce faux ermite.

Le journaliste se prêta volontiers au jeu, d'autant que la somme offerte était fort alléchante. Cependant, soucieux de bien mener l'affaire, le journaliste les mit en garde : « Attention, il pourrait nous poursuivre pour diffamation.

– Non, l'assurèrent-ils, il n'entreprendra aucune poursuite.

– En êtes-vous bien sûrs ? Car la diffamation peut aller jusqu'au procès en justice.

– Vous n'avez rien à craindre, reprirent-ils avec autorité.

– Si cet ermite ne poursuit pas et ne répond ni à la calomnie ni à la médisance, c'est que c'est un vrai. Allez donc demander à un autre journaliste. »

Remercier le ciel

Si l'humilité de celui qui reçoit des injures – c'est- à-dire du fumier – est inférieure aux injures, il souffre et se plaint. Si son humilité a un poids équivalent à celui des injures, il remercie le ciel pour cette occasion de grandir spirituellement : le fumier n'aide-t-il pas les plantes à grandir ? Si son humilité est supérieure aux injures, il les digère en souriant sans même penser à remercier. Qui vit dans l'action de grâce est incapable de quitter le bain pour en prendre juste une gorgée.

Tout est don

Que signifie cette parole de Jésus : « Ce ne sont pas ceux qui disent "Seigneur" qui entrent au royaume des cieux » ? Elle veut dire que l'état de non-béatitude est rempli de « Seigneur ! Seigneur ! »

Il est bien de trouver une consolation à une affliction, mais il est encore mieux, et bien plus économique, de détruire la cause de l'affliction : cela évite d'avoir à acheter une consolation.

La vie est cadeau

Savoir que tout est don sans exception aucune
Aussi bien le gros lot qu'un revers de fortune
Que la vie est cadeau même quand on la perd
C'est être un bon vivant, c'est être un mort super.

Reconnaissance

À chaque instant c'est ma naissance
À chaque instant je sors tout nu
J'exulte de reconnaissance
de ne pas être reconnu.

Celui qui sourit

Tout le monde évite et rejette l'exclusion. Il arrive cependant qu'on ne puisse l'éviter malgré tous ses efforts. Dans ce cas, il faut la regarder en face et voir si elle est aussi répugnante qu'on la décrit dans les médias. Voyons comment des personnages célèbres l'ont prise et joignons-nous à leur sourire transcendant et accompagnateur.

Socrate s'en accommodait fort bien et déclarait s'y trouver comme à l'Élysée (Prytanée), qui représentait pour lui le monde entier.

Jésus était exclu du monde religieux, du monde politique et même du monde charismatique : « Nul n'est prophète en son pays. » Comme le pays du prophète est le monde entier, il n'a pas besoin de passer une frontière pour trouver une terre d'accueil. Jésus a poussé l'exclusion encore plus loin : « Père ! On dirait que tu m'as abandonné. » Il se trouvait exclu de tout et personne sur cette terre ne le sera jamais autant que lui.

L'expression « Seul avec Dieu » a quelque chose de comique : comment peut-on se dire seul quand on est avec ?

Celui qui souffre d'exclusion s'est exclu de son propre cœur. L'amour désintéressé exclut l'exclusion.

Celui qui sourit envers et contre tout verra toutes les portes s'ouvrir, au point de ne plus savoir par laquelle entrer, tandis que celui qui gémit sur son sort n'entendra que les échos de ses gémissements par des fenêtres entrouvertes.

L'enfant prodigue

La vie du parfait SDF – sa cause, son aventure, sa solution – est racontée dans la bande dessinée évangélique dite « de l'enfant prodigue ».

C'est son paternel, Dieu, qui commande au patron de la porcherie de lui donner moins qu'aux cochons, et qui, en plus, ordonne aux cochons de ne pas partager avec lui. Tout cela dans le but de le faire rentrer daredare à la maison. Si une bonne âme plus charitable que le Bon Dieu se met en tête de lui apporter un saucisson kasher, elle ne fait qu'entretenir l'ankylose dans les bras patereternels qui l'attendent.

L'humanitaire horizontal

Quand Pierre, le premier souverain pontife, veut entraîner Jésus dans l'humanitaire horizontal, celui-ci lui répond vertement : « Passe derrière moi, Satan ! Tu me mets des bâtons dans les roues, car tes pensées ne sont pas divines, elles sont humanitaires. » (Marc 8.33) : « Passe derrière moi, Satan ! car tes pensées ne sont pas celles de Dieu, mais celle des hommes ! »

Le pire expire

Accueillir au garde-à-vous tout décret divin,
                même le pire.
Pour qui s'attend au pire, le pire expire.

Pas de condoléances

Quand survient un cataclysme, Jésus n'envoie pas de condoléances. À propos des dix-huit ouvriers écrasés par la tour de Siloé dans sa chute (Luc, 13.4), Jésus dit : « Ces dix-huit personnes étaient comme tout le monde, mortes parce qu'elles ne s'attendaient pas au pire. Pour celui qui s'attend au pire, il n'y a pas de pire. Voilà ce qui vous attend si vous ne sortez pas de votre sommeil. » Cette périphrase signifie : « Repentez-vous. Se repentir, c'est s'éveiller à la réalité. »

La divinisation de soi

Lorsqu'une Église ne préconise plus que les droits de l'homme et l'humanitaire horizontal, elle porte au moulin de ses petites sœurs dénommées sectes les meilleures de ses eaux, car beaucoup d'entre elles prônent la divinisation de soi à travers le pire, et même grâce à lui.

Le don libère

Le don libère celui qui donne, mais il peut asservir celui qui reçoit si celui-ci déshonore le donateur en supposant qu'il attend quelque chose en retour, ne serait-ce qu'un merci. Et celui qui attend un merci se disqualifie. On chercherait en vain, dans l'Évangile, un merci de Jésus adressé à quelqu'un d'autre qu'au Père. Tout merci ne s'adresse qu'à l'ego, le voleur. À celui qui s'est libéré de l'ego, un merci apparaît un peu comme un produit d'embaumement à un ressuscité.

Le huitième vœu de Gandhi, *swadeshi*, se fonde sur ce principe. Il préconise l'indépendance vis-à-vis des systèmes établis – états, gouvernements, sécurité sociale –, car toutes ces institutions n'ont qu'un seul but : assujettir leurs administrés au maximum. S'inspirant de ces principes, les meilleurs Indiens refusent l'aide étrangère qui les rend dépendants et qui est la cause de la montée des prix. Bien sûr, le rejet du merci et de la reconnaissance horizontale n'est pas valable dans le monde du commerce et de l'attachement.

Le thème larmoyant de la misère, de la faim, de la mendicité, qui revient si souvent dans les médias et aux portes de nos églises, répugne aux Indiens. C'est une propagande ignorante ou hypocrite qui veut faire croire que seuls les chrétiens sont là pour corriger un monde condamné à cette punition pour la raison qu'il refuse le christianisme. Il y a beaucoup de nourriture en Inde, des milliers d'œuvres charitables comme celle de Mère Teresa. Dans certaines gares, on peut même trouver un kiosque avec un moine hindou pour répondre à toute demande de renseignements à ce sujet. Tous les restaurants, tous les temples sont à la disposition des estomacs creux.

Je ne parle pas de la faim qui, tel un incendie ou une inondation, s'étend soudain dans une contrée à laquelle il convient de voler au secours. Je parle de la faim individuelle qui, lorsqu'elle existe, vient surtout du manque de génie de celui qui la subit. C'est donc à celui-là qu'il faut s'en prendre.

Le mendiant qui, mû par son avidité, passe son temps à courir de-ci de-là après les gens, ne se trouvant jamais à sa vraie place, passe à côté de ce qui lui est destiné et il peut parfois manquer du nécessaire. Celui qui attend, assis, est plus intelligent, il est là pour recevoir sa ration. Quant à celui qui ne compte sur personne, qui ne demande rien et sourit à tous, on court après lui pour le combler. Il est comme un enfant qui n'ouvre les lèvres que quand il sent le tétin les écarter. À lui l'abondance et le superflu.

Éden

Il y a de cela environ dix ans, par une belle journée d'été, en début d'après-midi, un couple accompagné d'un enfant arriva à la grotte. Tous trois se mirent à l'aise sous la tonnelle ombragée tandis qu'on échangeait sourires et banalités. Soudain, je vis un serpent ramper derrière le siège où était assise la petite fille, à hauteur de son cou. Il se dressait d'une bonne moitié de sa longueur, sans doute surpris de se trouver en aussi insolite compagnie. C'était une espèce de vipérine ou couleuvrine jaunâtre, probablement inoffensive. Mais je préférai ne rien laisser paraître pour ne paniquer personne, surtout pas l'enfant qui, en se levant brusquement, aurait effrayé la bestiole et se serait cogné la tête, se blessant plus gravement que ne l'aurait fait une morsure de cette sorte de serpent. Je continuai donc à converser tout en gardant un œil sur la bête. « Quel paradis que l'endroit où vous vivez ! s'exclamèrent les parents. – Un paradis terrestre, oui... il n'y manque rien », leur répliquai-je. Et, me tournant vers la petite fille :
« Comment t'appelles-tu ?
– Ève », me répondit-elle.

Économie de langage

Elle arrive et, d'un ton flatteur :
« Vous n'avez pas changé.
– Ça alors ! Ce que vous prenez pour un compliment est une injure à mes oreilles.
– Ah bon ! Pourquoi ça ?
– Vous voudriez donc que je sois toujours aussi con ?
– Oh ! Pourquoi utilisez-vous un mot aussi grossier ?
– Par économie ! C'est l'un des plus courts de la langue française. »

Le prophète balayeur

Si pour une raison ou une autre je devais sortir de cette grotte, où irais-je ? Il y a mille et une autres manières de passer sa vie dans la béatitude du moment qu'on a l'état de grâce, quel que soit le lieu qui nous échoie. Je me vois très bien vivre dans n'importe quel monastère, qu'il soit chrétien, bouddhiste ou hindou, ou même dans une *tarika* mulsumane ou dans une cave d'ermite.

Supposons un monastère : les cerbères – pardon, les chers frères portiers – m'arrêteront à l'entrée pour me demander ce que je sais faire. Si je leur dis que je suis un bon contemplatif, que je suis un artiste, un sculpteur, un écrivain, ils me répondront qu'ils ont déjà tout cela. Mais si je leur dis que je sais faire la vaisselle, balayer les cloîtres, cirer les chaussures et arracher la mauvaise herbe du jardin : « Entrez mon frère, on vous attendait », me diront-ils et ils sont même capables de courir chez le père abbé pour lui annoncer : « Un grand prophète est apparu parmi nous »...

Curiosité

Il était une fois un handicapé qui ne pouvait vivre sans une énorme prothèse. Les gens venaient le voir et le plaignaient, mais c'était un prétexte pour voir la prothèse. « Quelle patience a cet homme », disaient-ils, mais ils pensaient : « Quelle belle prothèse ! »

Il était une fois un curé qui ornait son église de bouquets de fleurs et d'enfants de chœur. Les gens allaient aux offices et s'en retournaient en disant : « Quelle belle messe ! », mais ils pensaient : « Quelles belles fleurs et quels beaux enfants de chœur ! »

Des gens viennent voir l'ermite, mais c'est la grotte qui les intéresse.

Le roi des ermites

Le but de l'ermite n'est ni social ni caritatif. Volontairement, il se place en dehors de toute aide, de tout secours horizontal, y compris ecclésial. L'Église horizontale n'a pas toujours été et elle n'est pas partout. Même en son sein, il peut se trouver des fidèles privés de ses aides et secours en raison de leur handicap physique ou psychique, partiel ou total. Handicap moral aussi, comme le divorce. Sourds, muets, aveugles, culs-de-jatte et divorcés sont tous à mettre dans le même panier par rapport à l'accès aux sacrements, moyens déclarés « indispensables » par une théologie obtuse. L'ermite s'est mis volontairement hors du camp et se béatifie sans aucune aide, à l'image du Christ sur la croix, le roi des ermites.

L'état d'ermite vient donc au secours de tous ceux qui n'ont plus droit aux aides instaurées par l'institution. C'est bien de cet état qu'il s'agit, au premier rang des Béatitudes, dans le Sermon sur la montagne : « Bienheureux les pauvres... » Ce n'est pas la peine, de traduction en traduction de la Bible, de tergiverser pour déféquer une litanie de définitions toutes plus malodorantes les unes que les autres.

Bienheureux les pauvres en esprit parce que le royaume des cieux leur appartient. « Royaume des cieux » signifie « béatitude sans condition » ou *nirvana* sous d'autres latitudes. Et « pauvreté d'esprit » : l'état de l'esprit saint qui se réjouit du manque de tout. Car ceux qui se plaignent de ne pas pouvoir assister à la messe, de ne pas pouvoir communier, de ne plus ceci ou cela et à qui les prêtres répondent : « Dieu voit votre souffrance et s'en réjouit », tous ceux-là sont encore des milliardaires mendiants qui se morfondent de manquer de quelque chose ou qu'on leur manque d'égard, une rétention incompatible avec la béatitude sans condition, autrement dit le royaume des cieux.

Garder à distance

On peut toujours garder à distance argent, prétention, préséance : ainsi ne serons-nous pas déçus
lorsque tout cela prendra congé de nous.

Ivresse divine

Un saint homme ivre de divin
En rencontre un ivre de vin,
Chacun croyant qu'en fait d'ivresse
Il n'y en a que d'une espèce
Et que pour cause l'autre est enduit
Du nectar le même que lui.

Ils tourbillonnent une ronde
Qui date du début du monde
Et des deux le plus distingué
Est bien sûr le plus empégué.
Mais quand enfin ils se désoûlent
L'un reste droit, l'autre s'écroule.

Des chaînes, du pain et des jeux

Quand les empereurs et les papes eurent décrété l'abolition de l'esclavage, on voyait sur la place du marché aux esclaves des hommes et des femmes consternés en train de faire la grève de la faim. C'étaient des esclaves qui pleuraient en disant : « Hélas ! Qu'allons-nous devenir ? Personne ne nous vend plus, personne ne nous achète plus... » Le gouvernement envoya des officiers pour les rassurer. « Pourquoi vous plaindre, vous êtes libres ! » leur dirent-ils. « Non, répondirent les anciens esclaves... Où trouver du pain et des jeux ? Nous voulons retrouver nos chaînes, qui nous les procuraient. »

Les Italiens furent les premiers concernés. Après la conquête des Gaules par César, les marchés aux esclaves furent envahis par les blondinets Anglais, les petites Germaines au nez retroussé et les gros Gaulois moustachus à queue de cheval. On raconte que Grégoire le Grand, le pape en personne, avait demandé aux marchands d'esclaves : « Qui sont donc ces beaux petits blonds aux yeux bleus ?

– Ce sont des Angli », c'est-à-dire des Anglais, lui avait-on répondu. Et, jouant sur les mots, le pape avait rétorqué : « Non, non... ce sont des *angeli* », des anges. Leurs descendants servirent de modèles pour les tableaux de Michel-Ange.

Les esclaves italiens avaient donc été dévalorisés sur le marché par l'afflux d'une marchandise étrangère, et ils faisaient la grève de la faim parce que d'autres avaient pris leurs chaînes, leur pain et leurs jeux. Chômage, licenciements collectifs, licenciements secs, retraite anticipée... Personne ne voit que tout cela correspond à la fin d'une ère d'esclavage. Chacun était habitué à sa chaîne, qui lui procurait pain et jeux. Tout le monde garde les yeux tournés vers les choses du passé.

La Paix

Cherchant la cessation
de toute agitation,
la paix transcendantale
au fond du cœur s'installe.
Tous les moyens d'accès
à cette ultime paix
bien que souvent utiles
apparaissent débiles
et un vain tralala
lorsque la paix est là.

En attendant on croit
qu'elle est à tel endroit.
Certains la croient parquée
en église ou mosquée.
Même un pape a écrit
Qu'elle était Jésus-Christ.
D'autres la croient lisible
seulement dans la Bible.
Qu'elle en a des aspects
cette innommable paix !

Aux uns elle se dévoile
dans le confessionnal.
Aux autres c'est dans la mort
de leur plus cher trésor.

Elle reçoit ses hôtes
quelquefois dans des grottes.
Où qu'on se précipite
avant nous elle habite.
Son rendez-vous final
est dans le don total.

Une âme d'innocent
n'importe où la ressent.
Elle peut apparaître
sur les lèvres des prêtres,
dans leurs doigts, dans leurs yeux
Même à la barbe d'eux...
Elle a bon goût quand elle
devient sacramentelle.

Les gens peu circonspects
courent les fausses paix.
Le vulgaire apprécie
celles de pharmacie.
Pour ses adorateurs
la vraie est loin ailleurs.
Messéant est le moindre
mouvement pour l'atteindre.
Son lieu le plus précis
est où l'on est assis.

Quand un homme vole bas

Quand un homme vole bas spirituellement, il rit du malheur des autres. S'il s'élève quelque peu dans son vol, il s'afflige du malheur des autres. S'il vole très haut, il sourit de nouveau (d'après Lao-tseu), parce que sa position élevée lui fait voir l'énorme avantage de l'épreuve quand il la prend bien.

Coucher avec le ciel

Deux personnes se mouraient dans un super mouroir. L'une avait passé une grande partie de sa vie à se consacrer aux démunis, aussi eut-elle le droit d'être munie des sacrements – une bonne confession, la communion, l'extrême onction. L'autre, n'ayant pas de croyance de ce genre, n'eut droit à aucune munition.

Mais la première ne voulait pas mourir, elle disait qu'elle avait encore tant de choses à faire, qui l'appelaient, qui ne pouvaient se passer d'elle. Faire la volonté du ciel lui était insupportable, et même contrariait toute sa sainte vie de religion. L'autre disait que si c'était pour elle le moment de partir, elle le ferait volontiers. La première faisait des pieds de nez au ciel, la seconde faisait l'amour avec. Même si celle-ci a eu une vie pleine de péchés, il lui sera beaucoup pardonné parce qu'elle a beaucoup aimé. Coucher avec le ciel est le comble de l'amour. L'autre, avec toutes ses munitions, se retrouve au fond du paradis, comme le pharisien au temple. Saint Antoine de « je ne sais pas d'où » disait sur son lit de mort à ses frères qui lui apportaient l'extrême onction : « Si ça vous fait plaisir, mais cette onction, je l'ai déjà reçue dans mon cœur. »

Monde subtil

À des touristes qui lui demandaient d'un ton moqueur : « Que fais-tu en ce bas monde ? », une ermite musulmane répondit : « Je me joue de lui.

– Ah ! tiens donc, et qu'est-ce que tu veux dire par là ?

– Eh bien ! c'est ce monde-ci qui m'entretient et je fais l'amour avec l'autre. »

La vérité transcendante

Une nuit, je me réveillai en sursaut.
Une vérité transcendante m'avait sauté au cerveau.
Je décidai d'aller en ville porter ma découverte, mon
plat tout chaud.
Pendant que j'enfilais mon manteau,
un vieil ami est arrivé avec un bouquin tout nouveau,
je l'ai ouvert et je suis resté tout pataud,
car au milieu du livre il y avait la vérité transcen-
dante qui m'avait sauté au cerveau.
Elle était imprimée, en vente et à la disposition de
tous comme un gros gâteau.

Responsabilités

Une fois, un ami m'a dit : « Ne reste pas toujours ici, tu dois prendre des responsabilités. »
Alors je suis parti,
j'ai cherché à réveiller les engloutis.
Et quand je suis rentré, bredouille et déconfit,
j'ai trouvé dans ma grotte un billet, sur le tapis :
« Je suis venu pour vous parler, mais il n'y avait personne ici. »

Une bonne dame à peine assise me déclara : « Pourquoi restez-vous toujours là comme une statue, à ne rien faire. Il y a tant à faire en bas ! Il y a les SDF, les restaus du cœur. Partout du travail pour les gens de cœur comme vous. »
Après un silence, je dis à la bonne dame : « Eh bien d'accord, je vais descendre avec vous... Vous me logerez et me nourrirez jusqu'à ce que je trouve un mode de vie et un emploi. »
Après un long silence, la bonne dame que le silence fatiguait sans doute s'exclama sur un ton très chantant : « Vous n'êtes quand même pas mal ici, frère Antoine, vous n'êtes quand même pas mal ici... »

Tel chien, tel maître

Un chien riverain m'a mordu. La patronne du chien est accourue : « Venez vite, frère Antoine, je vais mettre de l'alcool sur votre plaie, mon chien vous a pincé...

– Non, j'ai été mordu, mais ce n'est pas le chien qui m'a mordu, c'est vous, avec les dents du chien.

– Oh, comment un homme aussi intelligent que vous peut-il dire une chose pareille ?

– C'est justement parce que je suis intelligent que je dis une chose pareille ! »

Le plaisir

Le plaisir que l'on prend à se déshabiller
Et se mettre tout nu en lieu ensoleillé
Si l'on était à point devrait être le même
Quand on quitte son corps avec tous ses problèmes

Gaspillez pas l'amour à vénérer vos corps
Christ a dit : « Laissez les morts enterrer les morts »
Ce que nous aimons voir, c'est des vivants qui s'aiment
Beaucoup plus que des trous de pots de chrysanthèmes

Que du monde où l'on est nous apparaît mesquin
ce que nous en savions à travers les bouquins
Comme on rit aux éclats dans la vie éternelle
en pensant aux tableaux que l'on s'était fait d'elle !

Parabole du mouton

Il était venu me voir pour se plaindre de sa femme et de tout ce qui l'entourait. Or, pendant qu'il me parlait, je vis soudain qu'il fixait quelque chose en face de lui dans le rocher, et il s'interrompit : « Vous avez un mouton ?

– Non, je n'ai ni femme, ni enfant, ni chat, ni poule, ni chien, ni lapin... Dieu seul...

– Pourtant, regardez, il y a un mouton qui me fixe dans les yeux. »

Et c'était vrai. Un mouton échappé d'une bergerie se trouvait juste là devant la grotte, où il n'y avait rien à paître du tout.

L'homme revint quelques jours plus tard complètement changé et me laissa le billet que voici :

Méprisant la compagnie de ses semblables, un mouton de bergerie, épris de liberté, choisit d'errer en solitaire dans la montagne mystérieuse qu'il n'avait jamais connue. Mais bientôt, enfermé dans la solitude qu'il avait recherchée mais qui finit par lui peser, il s'approcha de frère Antoine timidement sans bruit... pour retrouver un contact, une présence, une vie, dans cet univers minéral où il s'était égaré. Et il médita longuement, immobile, inquiet, en quête d'un signe d'accueil. Ainsi en va-t-il de l'homme, isolé dans son orgueil, son égoïsme, son matérialisme, qui finit par découvrir que la vie est faite d'échange, d'amour, d'altruisme et de compréhension réciproque.

Clair-obscur

« J'habite en bas dans le vallon, en face de votre rocher, et la nuit nous avons l'agréable surprise de voir une petite lumière dans votre direction », me dit un jour un général.

« Eh bien, moi, j'ai la désagréable surprise de voir une grosse obscurité quand je regarde dans la vôtre », lui répondis-je.

Deux côtes en moins

Réponse de frère Antoine à une dame, Suzy, qui dans une lettre de douze pages se plaint des travers de son mari, découverts depuis qu'elle a retrouvé un vieil ami d'autrefois :

Madame,
Frère Antoine a reçu de Suzy une lettre de douze pages dans laquelle celle-ci énumère les travers qu'elle a découverts chez son mari depuis qu'elle a rencontré son amant Zozo. Frère Antoine l'a mise dans un dossier avec une lettre de treize pages de Toutoune, la femme de Zozo, dans laquelle celle-ci raconte comment elle a dû divorcer à cause des travers insupportables de Zozo.

Bibliquement, l'homme qui a une femme en plus a forcément une côte en moins, il est donc forcément moins costaud.

Dans le bon sens

Un jour, trois visiteurs vinrent à la grotte. L'un d'eux offrit à l'ermite une djellabah toute neuve et toute blanche. Leurs trois visages ne reflétaient qu'insatisfaction, mécontentement, désappointement. Pendant que le petit frère préparait le thé, ils se plaignaient du mauvais temps, des injustices politiques et sociales et de la sempiternelle pollution. Quand le thé fut servi, l'ermite porta sa tasse à sa bouche en posant l'anse contre ses lèvres, si bien que le thé coula sur sa belle djellabah toute blanche. Les trois visiteurs se récrièrent : « Pourquoi avez-vous bu de cette façon ?

– J'ai fait avec la tasse ce que vous faites avec les choses et les événements de la vie. Si vous les preniez par leurs anses, vous ne seriez pas toujours en train de râler après eux ; bavant continuellement les événements qui vous arrivent, jamais vous ne goûterez un brin ni une goutte de thé...osis », répondit le petit frère.

Monde sensible

Les enfants et le domestique
d'un président de république
n'ont pas besoin de la télé
pour le connaître tel qu'il est.

Le souffle de Dieu me chavire
à chaque fois que je respire
Je n'ai nul besoin de média
pour capter ce grand Immédiat.

Et je préfère encore, ne fût-ce
que d'une prise d'une puce
le vivre plutôt que le voir
L'être plutôt que de l'avoir.

Je pleure de chagrin

Un jour, un homme pleurait de chagrin. Un autre vint le rejoindre qui se mit à pleurer aussi. Entre deux sanglots, le premier demanda au second pourquoi il pleurait.

« Je pleure de joie, et toi ?

– Moi, je pleure de chagrin. »

Saint Paul dit qu'il faut pleurer avec ceux qui pleurent, mais il ne dit pas de quoi. Si... À un autre endroit il conseille : « Réjouissez-vous en tout temps, je vous le répète, réjouissez-vous... »

Et ils se quittèrent en pleurant de joie...

Le trou du rocher

À quelqu'un nous donnions
notre définition :
Ce trou de rocher n'est
rien moins qu'un cabinet.

Le chercheur qui chemine
vers la Mère divine,
s'il a quelque besoin
entre en mon petit coin.

Avec beaucoup d'onction
Frère Antoine s'applique
à remplir sa fonction
de papier hygiénique...

L'homme vexé répliqua :
« Qui est-on s'il est ça ? »

Instant

DIEU EST LÀ
au complet
dans la décision
que je prends
à l'instant
de ne pas me déplacer
pour aller LE
chercher ailleurs.

Pratiquer en silence

Je mets en pratique ce que eux prêchent (Épictète).

Le sujet de leur conférence
moi, je le pratique en silence.
Ils ne font qu'agencer en phrases
le carburant de mes extases.

Ce que ces scribouillards écrivent
sans faute il faut que je le vive,
que tout le divin qu'ils croassent
il faut que dans mon âme il croisse.

Tous leurs bouquins sont-ils plus beaux
que quand ils étaient la forêt
où croassaient les corbeaux
dans un jargon beaucoup plus vrai ?

Ils auraient bien plus de lecteurs
et une palme académique
si on imprimait ces auteurs
sur du bon papier hygiénique

Mais moi, il faut que j'exécute
ce qui pour eux n'est qu'air de flûte
On doit voir briller sur ma pêche
ce que tous ces gribouilleurs prêchent.

Contempler

Jésus arrive à Béthanie.

Marthe est partie faire des courses et c'est Marie qui le reçoit : « Oh ! Jésus comme tu as les pieds sales !

– Eh bien oui !... Voilà trois jours que je marche.

– Oh ! comme tu dois avoir soif et faim !

– Eh bien oui ! Ça fait trois jours que je n'ai pas mangé.

– Oh ! comme tu dois être fatigué !

– Eh bien oui... je n'ai pas dormi depuis trois jours.

– Attend que ma sœur revienne... Ce n'est pas mon boulot de faire autre chose que te contempler. »

Et Jésus contempla Marie... sœur Marie de l'Incinération.

(D'après sainte Marguerite Porète.)

Arrêter de gémir

J'ai une douleur au genou. Il m'appartient de l'y tenir localisée sans en barbouiller tout mon être. Car c'est en gémissant que je barbouille tout mon être.

La Mère divine

La Mère divine, ou Providence, saupoudre ses inter-
ventions les plus spectaculaires d'un minimum de
discutable pour permettre aux matérialistes de dire
que c'est du hasard.

Formules de politesse

Après avoir écrit : « Seigneur délivrez-nous des formules de politesse », la mère Thérèse d'Avila ajoute qu'elle n'a jamais été exaucée... sauf quand elle s'exhaussait par lévitation au-dessus des protocoles et des bonnes manières. Quelle marginale !

Pollution

La pollution... quelle infortune !
Mais qui s'en plaint en ajoute une.
Pour n'en être point contrarié
inspecte ton fond ordurier.

Douceur(s)

À une personne qui lui demandait quelle quantité de sucre elle pouvait ingurgiter sans léser son organisme, un ami avait répondu : « Jésus a dit : "Ce n'est pas ce qui entre dans l'homme qui pollue l'homme, c'est ce qui en sort." Vous devez donc être capable d'ingurgiter autant de douceur que vous en proférez par vos paroles, ni plus ou moins. »

Du bon usage du dépotoir

À chaque pays sa mode... Il est vain d'en déprécier un pour en vanter un autre. Celui qui se priverait d'une bonne méditation du haut des falaises d'un dépotoir géant se condamnerait lui-même, car il est écrit : « *Sarvam annam* », « tout est nourriture » (sanscrit). Seules les images sont différentes.

Voyons donc ici comment les choses arrivent chez nous.

Le moulin à légumes est un instrument breveté SGDG pratiquement inusable. Mais le voilà entre les mains d'une ménagère en colère. Elle manipule le moulin par saccades, alors qu'il demande à être tourné rondement. La colère de la ménagère monte, exagérant les saccades. Le moulin à légumes finit par fuser tel un OVNI, passe par la fenêtre et va atterrir dans la poubelle.

Madame quitte monsieur. La séparation de corps exige la séparation de son emballage. Une garde-robe, encore tirée « à quatre épingles », glisse dans le sac à chiffons. Monsieur rentre au volant de sa voiture. Un degré d'alcool en trop dans le sang et, à la surprise générale, il quitte sa voiture, sa vie et son corps. Ses proches ne peuvent plus supporter la présence de ce qui rappelle une absence. Tout un meublé et une cave dégringolent au dépotoir.

Une vieille maison est vendue. Le contenu séculaire du grenier sera dénommé « vieillerie ». Très provisoirement car, arrivé à la décharge publique, il suffit d'un coup de baguette magique et crochue pour le rebaptiser « antiquité ».

Trafic intense, mais discret. Affaire exceptionnelle, mais indivulguée. Mine de rendement mais non encore exploitée à ses premiers tâtonnements ; aussi n'y a-t-il point profanation à raconter la vie créatrice gisant dans ces profondeurs. Qui sait si l'argent et les intérêts, plus doués de corruption que les ordures mal famées, ne seront pas de ces géhennes où personne encore ne descend, à moins d'y avoir préalablement jeté son amour-propre, un centre de loisirs *up to date* ? L'artiste peintre à la recherche de coloris et de formes abstraites vient y rêver des jours entiers. De même que la pierre informe appelle le sculpteur, l'objet de rebut attire le créateur.

Tant qu'un objet jouit de sa forme spécifique, son utilisation est limitée. Quand il est disqualifié, il redevient un objet d'utilisation multiple, disponible à l'infini. Entre mille autres possibilités, une bouteille devient lampadaire, un globe de télévision mini aquarium.

Fort peu de gens apportent sans emporter.

Certains remportent ce qu'ils ont apporté.

Vidés sur les détritus de quatrième degré, les détritus de deuxième degré redeviennent louables. Une cocotte-minute d'un restaurant quatre étoiles est encore un ustensile de luxe pour un deux étoiles. Le manteau de fourrure, après légère transformation, perdra tout à fait le souvenir de son court séjour au dépotoir. Quelle dignité peut-il perdre en effet, en trois jours sur un tas d'ordures, quand il a été quinze ans sur le dos d'une panthère et ensuite quatre ans sur celui d'un milliardaire ?

Pour qui médite sur ces promontoires, le « rien ne se perd, rien ne se crée » des savants devient une conviction. Un mystique ajouterait qu'il est difficile de croire à la perdition éternelle des âmes infinies quand on constate comment les choses finies et mortelles sont si aisément revivifiées et récupérées.

Quand un être retourne à sa vacuité originelle, au rien, à son inutilité et sa disponibilité principales, c'est alors que s'ouvrent à nouveau les plus grandes perspectives.

De stercore erigens pauperm... Cette exclamation biblique n'est autre que l'écho du chant de la création. Créer : faire quelque chose à partir de rien. Plus la matière première est proche du rien, plus le créateur éprouve de jouissance à la ranimer. C'est pourquoi le créateur se penche sur le rejet. Le rejet émoustille le sens de la création. Bien entendu, cette vérité existe également dans les petites choses. Fastidieuse engeance que celle qui s'engouffre dans les supermarchés pour y choisir des objets tout fignolés d'avance... Race de génies créateurs que celle qui fouille les décharges publiques géantes !

Au commencement était le *tohu-bohu*, le monde était un dépotoir géant...

De la détresse à l'allégresse

Elle est entrée en pleurant. Un mot, un sanglot, un mot, un sanglot. Son fils a le sida, son mari a eu un accident de voiture, son grand-père vient de mourir. « Soyez dans la joie en tout temps ! Réjouissez-vous. Un temps viendra où vous vous réjouirez de ce qui aujourd'hui vous fait pleurer, et ce qui alors vous réjouira est déjà là là là », lui dis-je.

Mais elle voulait m'imposer sa détresse, refusant que je lui impose mon allégresse. Elle avait été conduite sur le promontoire de l'allégresse, mais elle entendait demeurer dans le dépotoir de la détresse, persuadée que le tas d'ordures sur lequel elle pleurait était le fond de son être. Elle était là dans la détresse et il aurait fallu que tout le monde y fût autour d'elle. Refuser de m'y enliser était une marque d'indifférence et de cruauté.

« Vous vous êtes trompée d'adresse, lui dis-je. Il faut aller voir les fonctionnaires de Dieu et les psy à consultation tarifée. Ceux-là vous rejoindront sur votre dépotoir : les premiers en vous invitant à implorer un sauveur extérieur qui fait des tournées dans le temps et l'espace dans une limousine blindée de la marque Bible, les seconds tripoteront votre poubelle et anal...yseront vos matières fécales.

« On ne peut qualifier d'océanologue celui qui explique l'océan en ne faisant référence qu'aux vagues. Celui qui fait une étude sur le chêne avec une branche de gui dans son labo est un ignorant inqualifiable.

« L'homme qui prétend scruter et connaître l'homme en démontant et en éparpillant les pièces de son mécanisme psychosomatique est un être néfaste, un traître à l'humanité, un négateur de liberté. Infiniment moins hypocrite est celui qui foule au pied ses turpitudes et qui les dissimule parce qu'il ne les reconnaît pas comme siennes. Elles sont un acquis malencontreux. Pas lui.

« Qui arrive, à force de coriacité (endurcissement du cœur de l'Évangile), à échapper à la lumière de son être, qui arrive à s'identifier à cette turpitude, qui dit de son corps : "Je suis cela", doit logiquement être voué à la corruption au plus vite. Mais celui qui enseigne cette connaissance ne peut pas être vrai. Il a dû faire, à l'origine de sa démonstration, un vœu de fourvoiement. Il est impensable qu'il n'ait pas lu à l'entrée de la rue : "Voie sans issue".

« Le pire des esclavages est de croire que notre turpitude est notre réelle nature ; la pire des hypocrisies est d'exhiber nos vices au nom de la sincérité. On devient ce que l'on veut paraître. S'accepter comme on est ne signifie pas accepter sa turpitude. Reconnaître sa présence en soi ne signifie pas la faire coucher avec le Soi.

« Nonobstant, madame, si la béatitude gratuite offerte au promontoire de l'allégresse vous paraît trop facile, vous pouvez stopper le sauveur qui passe en limousine – si toutefois le chauffeur y consent –, moyennant participation aux frais de carburant et de déplacement.

« Mais il n'a manifesté aucune compassion le jour de son ascension, laissant dans leur éphémère politico-social ses collègues qui guettaient la restauration du royaume d'Israël. Sa riposte à tous les piailleurs de petits grains : "Laissez les morts enterrer les morts". »

Tout est relatif

Un prêtre s'en allait chercher son denier du culte chez ses bons paroissiens. Il arriva chez l'un d'eux et rangea sa voiture, une Mercédès, à côté de celle de son paroissien, une 2 CV.

Tout en prenant un café, le paroissien demanda à son curé : « Depuis le dernier concile, pas mal de choses ont changé dans l'Église. Est-ce qu'il est maintenant permis de jurer ?

– Ah non ! répondit le curé, cela ne fait pas partie des choses qui peuvent changer.

– Dans ce cas, dit le paroissien, ne croyez-vous pas que votre voiture jure à côté de la mienne ? »

Se laisser brûler

Un homme de Dieu avait obtenu la permission de visiter le purgatoire. Il fut accueilli à l'entrée par une charmante fille qui, brûlée au quatrième degré, ne se plaignait pas, car telle était la condition de sa guérison.

Elle lui fit parcourir les différents lieux et stages de purification. Les premiers purgatoriens qu'elle lui montra avaient des brûlures du premier degré.

« Qu'ont-ils fait pour avoir de telles brûlures ? demanda le saint homme.

– Ils ont regardé », dit-elle.

Plus avant, elle lui montra des purgatoriens qui avaient des brûlures du deuxième degré. « Ceux-là, c'est pour avoir touché. »

D'autres étaient brûlés au troisième degré : « Ce sont ceux qui ont pris. »

En sortant, le saint homme demanda à la jeune fille : « Et vous, qu'avez-vous fait pour être brûlée au quatrième degré ?

– Moi, c'est parce que je me suis laissé prendre. »

État d'harmonie

Or donc si j'obtiens l'état d'innocence en vue de quoi
contradictions et blessures de la vie viennent m'opé-
rer... me voilà bienheureux...
Mais où diable se trouve le centre d'apprentissage, le
lycée supérieur et les éducateurs de la Béatitude ?

Éducation véritable

Il n'y a pas, à vrai dire, d'éducateur. Il y a une péda-gogie cosmique. Seuls les éducateurs endormis rêvent qu'ils sont éducateurs. Ceux qui sont éveillés reconnaissent précisément cette pédagogie cosmique comme la seule autorisée. Tout ce qui constitue l'en-vironnement d'un homme venant en ce monde est pédagogie pour lui. Ceux qui se consacrent à l'éduca-tion peuvent donner du coude à leurs petits frères pour leur faire prendre conscience de toute la mer-veille qui les environne et qui leur indique la voie de la Béatitude.

Réduire au maximum les désirs dans le domaine de l'avoir, les choses impermanentes, augmenter à l'in-fini les désirs dans le domaine de l'être, de l'accom-plissement et de la perfection, qui donne la Béatitude sans déception, voilà le but de la véritable éducation.

Vive le monde !

Il n'est pas possible d'entrer dans le détail de ce que doit être une éducation vraie. Toutefois, des notions primordiales semblent tout à fait négligées.

Il faut inculquer aux jeunes (car après, on le sait d'expérience, il est trop tard) qu'avant d'être Français, Allemands, Anglais, Juifs, Arabes, Arméniens... ils sont des hommes, des fils d'hommes. L'appartenance à une race est une chose intéressante, mais secondaire. Le racisme est le résultat de l'inculcation contraire.

Avant d'être mâle ou femelle, ils sont des enfants de l'homme. C'est parce qu'on inculque aux jeunes qu'ils sont d'abord mâles ou femelles, mettant au second plan leur appartenance à l'humanité, qu'on assiste à une inflation de la sexualité.

Avant d'être des spécialistes, ingénieurs ou professeurs, éboueurs ou balayeurs, ils sont des hommes, des enfants de l'homme. De l'enseignement contraire (tacite) résulte l'ensevelissement dans les toiles d'araignée sociales. Aucun employé n'a le droit de récriminer contre l'esclavage antique. Les grèves sont des révoltes d'esclaves inavouées.

Puisse, bientôt, tout centre d'éducation adopter le cri de ralliement de l'école de la jungle de Vidiapith de Vinaba : « Vive le monde ! »

La racine du mal

Il arriva tout essoufflé, parlant par à-coups, tel un moteur poussif ; après de nombreux ratés, voici ce qu'il dit :

« Quand j'étais jeune, parce qu'on m'avait inculqué la peur de l'enfer, je m'abstenais de la luxure et, quand je m'y étais adonné, je me ressaisissais. Depuis, j'ai rencontré des maîtres et des livres qui m'ont enlevé la peur de l'enfer... Ouf ! J'ai commencé à respirer et à vivre. Puis, débarrassé de la peur, je n'ai plus eu aucun frein et je me suis enlisé non plus dans la luxure, mais dans la sexualité, à tel point que je ne vois plus comment en sortir.

– Mais pourquoi voulez-vous en sortir ?

– Parce que c'est devenu un véritable esclavage, un abîme sans fond, une soif sans apaisement, une jalousie sans remède...

– Ainsi, vous avez supprimé la peur de l'enfer, mais vous n'avez pas supprimé l'enfer, car vous voilà dedans. Il ne sert à rien de supprimer les peurs, les interdits, les contraintes et les lois. C'est l'ego qu'il faut supprimer. Vous savez, une fois que le criminel est mort, les juges, les gendarmes, les menaces et les menottes n'ont plus aucune prise sur rien. »

Terminaison en *té*

Ce qu'on appelle aujourd'hui sexualité se nommait autrefois luxure. Sans doute pense-t-on que ça réhabilite. Tous les mots qui se terminent par *té* peuvent se promener au grand jour sans scandaliser personne ; c'est en effet la terminaison latine *etas*, un état, c'est-à-dire « ce qui est » la normale. Et sexualité n'a plus rien de péjoratif comme avait le mot luxure avec sa notion de gueule de cochon.

Les bouddhistes et les hindous appellent *guha*, « grotte du cœur », ce que les chrétiens nommaient componction.

La sexualité est la lampe témoin qui s'allume quand le paléanthropien sort de sa caverne. La luxure, ou la fornication, est un piège placé à l'entrée de la grotte du cœur, de la componction. Elle attrape ceux qui en sortent et celui qui vit habituellement hors de la grotte du cœur est continuellement piégé.

L'ennui n'existe pas en soi

On n'a jamais vu l'ennui se promener tout seul dans les bois.

On s'ennuie parce qu'on refuse certains événements et que l'on court après d'autres, alors que c'est celui qui se présente – quel qu'il soit – qui a la mission de nous désennuyer. En accepter certains et en refuser d'autres, se réjouir des uns et subir les autres mérite une punition ; cette punition est l'ennui.

Celui qui s'emploie à s'enrichir des événements quels qu'ils soient est à l'abri de cette punition. Il ne faut pas faire le chat si l'on veut grandir spirituellement. Tout homme bien élevé gravite vers sa béatitude au contact des événements agréables ou désagréables. S'il fait le chat, comme les gosses mal élevés, c'est-à-dire s'il lèche la confiture et laisse le pain, il reçoit deux punitions : il attrapera l'ennui et restera maigrichon.

Quand j'étais petit, à la ferme, le quatre-heures consistait en une beurrée de confiture : maman étalait sur une tranche de pain découpée dans une miche de douze livres une couche de beurre et, par dessus, une couche de confiture de cassis ou de groseilles. La tenant à deux mains, mes sœurs et moi nous précipitions dans la cour, au milieu des poules et des oies. Après avoir léché la confiture et le beurre, nous donnions le pain aux oies qui jasaient de plaisir, attirant l'attention de maman. Elle accourait, se rendait compte du délit et nous flanquait une bonne fessée. Nous n'avions pas la présence d'esprit de lui rétorquer que c'était là notre façon de participer à l'engraissement de l'oie de Noël...

Ah l'ennui ! Le ciel se plaint-il de s'ennuyer ? La terre s'ennuie-t-elle ? Non ! Ni l'un ni l'autre ne connaissent l'ennui. Celui qui fait corps avec le ciel et la terre ne s'ennuie jamais. Celui qui est coupé du ciel et de la terre séjourne en nuit.

Manquements à la charité

Des prêtres disent à leurs con-fessés que les fautes sexuelles ne sont rien à côté des manquements à la charité. C'est indiscutable. Mais il faudrait ajouter que celui qui se pardonne tout écart sexuel vit dans un égoïsme tel qu'il ne peut pas être attentif aux nécessités de ses frères. Dans le train, on ne peut à la fois draguer et être attentif aux autres : céder sa place ou aider un vieillard à porter sa valise.

Célibat biblique

Les chrétiens se réfèrent continuellement à la Bible et insistent beaucoup sur le célibat. Pourtant, il n'en est apparemment pas question dans la Bible. Plus que celui de tous les autres livres, le contenu de la Genèse ne se veut pas historique mais pédagogique. L'auteur ne prétend pas faire un cours d'histoire ancienne, mais un cours de morale et d'éducation religieuse. Tout devient limpide quand on lit la Bible dans cette optique.

Pour inviter les croyants à consacrer un jour par semaine à la prière et à la méditation, l'auteur de la Genèse a imaginé le célèbre tableau de la Création en le donnant en modèle aux hommes. On y voit Dieu travaillant six jours et se reposant le septième.

Mais ce passage du sabbat n'est pas le seul qui soit pédagogique quand tout le reste serait plus ou moins historique : absolument tout, y compris l'imbattable longévité des patriarches, est pédagogique. C'est là le chapitre du célibat (Genèse V). Sujet délicat sur lequel l'auteur s'en donne à cœur joie, avec humour et caricature. Depuis Adam jusqu'à Noé, il décrit une série de modèles ayant gardé leur chasteté jusqu'à leur premier né :

Quand Adam eut cent trente ans, il engendra Seth.

Quand Seth eut cent cinq ans, il engendra Énosh.

Quand Énosh eut quatre-vingt-dix ans, il engendra Qénân.

Quand Qénân eut soixante-dix ans, il engendra Mahalaléel.

Quand Mahalaléel eut soixante-cinq ans, il engendra Yéred.

Quand Yéred eut cent soixante-deux ans, il engendra Hénok.

Quand Hénok eut soixante-cinq ans, il engendra Mathusalem.

Quand Mathusalem eut cent quatre-vingt-sept ans, il engendra Lamek.

Quand Lamek eut cent quatre-vint-deux ans, il engendra Noé.

Quand Noé eut atteint cinq cents ans, il engendra Sem, Cham et Japhet.

La signification hébraïque est sans équivoque : si Adam engendra un fils à cent trente ans, c'est donc qu'il n'eut pas d'enfant avant cet âge-là. Comme il serait injurieux de taxer les patriarches d'infécondité, et encore plus d'onanisme, il faut en déduire qu'un juif pieux et croyant prenait pour modèles des hommes ayant battu le record de chasteté. On voit donc que c'est dans son tout premier livre que la Bible parle du célibat.

Des souris et des hommes

La parabole suivante explique fort bien la campagne pour la recherche du remède contre le sida.

Les souris se réunirent en concile. Il fallait absolument trouver le moyen de prendre le morceau de fromage posé sur le piège, sans qu'elle se déclenche. Trop de souris étaient mortes en prenant un morceau de fromage. Quelques souris avaient cependant échappé à la mort, mais d'autres avaient malencontreusement déclenché le piège sans même avoir vu ou senti le fromage. Échapper au piège est difficile parce que son inventeur est plus intelligent que les souris qui voudraient y échapper. Les chercheurs du remède ne trouvent pas vite. Ainsi choient-ils !

Jésus et l'Octuple Sentier

Jésus dit : « Celui qui n'est pas contre moi est donc pour moi. » Or Bouddha et le bouddhisme ne sont pas contre Jésus. Tous les axiomes du Sermon sur la montagne, qui résument son Évangile, peuvent être contresignés par Bouddha et le bouddhisme ; de même, Jésus peut contresigner l'Octuple Sentier prêché par Bouddha. La conclusion découle d'elle-même : les chrétiens qui ont en aversion Bouddha et le bouddhisme sont contre Jésus.

Amour désintéressé

L'état de liberté le plus noble et le plus divin pour l'homme, c'est l'état de chasteté sans contrainte – sans doute le plus souvent acquis après avoir connu des contraintes. Cet état est digne des plus hautes bénédictions.

Un autre état moins divin, mais également digne de toutes les bénédictions, est l'état de fidélité conjugale, moyen de continuer d'assurer la procréation et la pédagogie spirituelle de génération en génération. L'état d'« union libre » – lequel n'est pas libre du tout puisqu'il est dépendant d'une mésentente et d'une séparation – n'obtient la bénédiction que s'il est conforme à la loi naturelle et ne fait pas entorse à la pédagogie. On ne peut appeler « union libre » celle d'un couple non marié qui, pour des raisons personnelles, ne s'est fait bénir ni par le maire ni par le prêtre. Un couple que personne n'a béni, mais qui pratique la fidélité conjugale pour le meilleur et pour le pire, rejoint l'état de fidélité conjugale et a droit aux mêmes bénédictions du ciel. L'expression « union libre », dans le contexte où nous l'entendons ici, sous-entend la non-consistance du mariage et la séparation en cas de divergences.

Un autre état qui ne mérite aucune bénédiction, mais néanmoins compréhension et indulgence, est celui de l'homosexualité. Il ne s'agit pas de le condamner en soi ni de condamner tous ceux qui y sont enclins. On ne peut cependant encourager les actes stériles, qui sont du gaspillage. « *Corruptio optimi pessima* », dit le proverbe, mais le contraire est également vrai : *Correctio pessimi optima*. Prière, méditation et ascèse peuvent faire de cette déviation, lorsqu'elles s'en emparent, une énergie pédagogique extraordinaire, une fois qu'elle est sublimée.

L'essentiel de sa vie

Quand un moine cistercien va vendre son fromage à la Foire de Paris et déclare que c'est là l'essentiel de sa vie, il rabaisse sa mission à bien peu.

Changer de vision

Plus encore que les adultes, les jeunes me posent cette question : « Comment faites-vous pour ne pas vous ennuyer ? » À quoi je réponds : « Comment faites-vous pour vous ennuyer ? Dites-le moi, et je vous dirai comment je fais pour ne pas m'ennuyer. » L'ennui est toujours volontaire, dit le Tao. Il vient de ce que nous comparons notre situation à une autre qui nous paraît préférable. Le mot « ennui » est une falsification du mot « vide ». Or le vide bien compris signifie disponibilité. Appeler « vide » la disponibilité (qui est un état d'accueil, non égoïste), puis appeler ce vide « ennui » est une bonne excuse pour le fuir. Mais, comme toute fuite, la fuite de l'ennui est catastrophique. C'est tout le contraire qu'il faut faire avec l'ennui : il faut le traquer, le prendre par les cornes, lui ouvrir le ventre et lui arracher cette fausse identité, ce nom d'ennui, pour lui restituer celui de vide, et enfin celui de disponibilité qui est une plénitude en puissance, source de béatitude.

Fuir l'ennui, c'est être sûr de le retrouver encore plus fort au premier tournant.

Il faut s'asseoir en face de lui, le regarder dans les yeux, respirer lentement, et dans le mouvement de la respiration réciter : « Toutes les choses qui existent en ce monde sont des instruments au service de mon accomplissement. » Ou bien ceci : « Tout arrive pour notre plus grand bien. » Ou encore le mantra de saint Paul : « Tout concourt au bien de qui aime Dieu »... et même des autres, aurait-il pu ajouter.

C'est là une manière parmi bien d'autres de changer sa vision du monde. Se rendre compte qu'il est en fin de compte bien fait, tout juste inventé pour notre accomplissement, non pour passer d'un état politique ou social à un autre qui n'a pas plus d'intérêt. Tout est donc dans le poste récepteur et non dans le poste émetteur. Les parasites n'existent que dans notre mental déréglé. Le mal n'est un mal que si on le prend mal.

Religion historique

Le fait, pour des gens d'Église, d'avoir la conviction d'appartenir à une religion historique dont ils sont fiers et qui, comme le dit le Pape, est en marche vers la Vérité – et donc ne la possède pas et qui en l'attendant va de bévue en bévue, surtout en ce qu'il s'agit des relations avec les autres religions –, cela devrait leur faire perdre la prétention de déclarer « hors de la vraie foi » ceux qui, ayant fait des incursions hors les murs, pensent différemment.

Pacification

L'expression « payer pour les autres » est une aberration qui, en vérité, stigmatise seulement le comble de l'égoïsme. Si on trouve cruel de donner des sous, c'est que les sous et soi, c'est tout un. Si on ne fait qu'un avec ce qu'on a, c'est qu'on ne s'est pas dissocié de l'avoir. On ne sait pas qu'on est.

Payer pour les autres quand il s'agit de sous n'est rien à côté de payer pour les autres quand il s'agit de sa peau. Mais le problème est le même. Si on n'est pas prêt à lâcher sa peau, c'est qu'on s'est identifié à cette peau.

Payer vient du latin *paccare*, pacifier. En payant, on se pacifie et on pacifie autrui. Le refus de payer procure l'état contraire.

Quand j'étais petit, des gens venaient parfois à la maison acheter des œufs, du beurre, des légumes. Je me souviens surtout de ceux qui donnaient plus au moment de payer. Maman leur disait : « Vous donnez trop, ce n'est pas le prix sur le marché », et ils répondaient : « Ben dame ! vous mettrez le reste dans la tirelire du petit. » Le petit, c'était moi. Tout le monde était content : ceux qui donnaient plus, mes parents, le petit.

Aujourd'hui, tout le monde proteste que tout est trop cher. Personne n'est content. « C'est moche de payer pour les autres, c'est un scandale, c'est une injustice », voilà ce qu'on entend journellement. Alors que le moche, le scandale, l'injustice, c'est l'égoïsme.

Le sida, pour certains, est la condamnation d'un acte sexuel illégitime, mais il ne sera en aucun cas la condamnation de ceux qui en sont victimes dès l'instant où ils s'en dissocient pour le repentir. La victime s'autocondamne uniquement quand elle s'identifie à ses actes pécamineux.

Le cruel n'existe que si l'on refuse de lâcher prise. Payer pour un autre n'est cruel que si on le fait à contrecœur. Si Nabod avait laissé sa vigne au roi Achab, il ne serait pas mort des suites de son refus. Si on te prend ta chemise, donne aussi ton manteau... Où est alors la frustration, le refoulement, l'indignation ? Tout cela ne montre le bout de son nez que quand l'amour s'éteint. En retenant tout le temps de l'avoir, on se prive de la communion avec le *je suis*.

Le but de toute religion

C'est bien de jongler avec les frontières, mais...
Des chrétiens s'en vont dans les religions orientales
parce qu'ils trouvent les mystères du christianisme
irrationnels et absurdes. Et une fois dans l'une ou
l'autre de ces religions orientales, on leur inculque
que toute démarche spirituelle ne peut aboutir sans
l'arrêt du mental, de la cogitation. Cela prouve qu'il
n'y a rien de plus précieux, pour arrêter les diva-
gations du mental, que les mystères irrationnels. Plus
il y a d'obstacles au niveau de la lettre, plus vite la
cogitation est obligée de se tuer et le cœur débouche
sur l'adoration silencieuse, ce qui est le but de toute
religion.

Où est leur Dieu ?

Autrefois, les Hébreux partant à la conquête de la Terre promise traversaient des nations qui demandaient à leur sujet : « Où est leur Dieu ? » parce qu'ils n'avaient aucune effigie de divinité. Les chrétiens se questionnent pareillement au sujet des bouddhistes parce qu'ils n'ont pas d'idée sur Dieu. D'après le psaume 115, c'est là une réflexion de païens.

Détournement de fonds

La rivière est gratuite. L'EDF, elle, met un barrage et vend son énergie, ce qui est normal, car le piège-barrage coûte cher et son entretien aussi. Le soleil est gratuit. L'EDF, toujours elle, lui tend un piège, un panneau solaire, et elle revend son énergie lumière ; c'est normal, car le panneau coûte cher et son entretien aussi.

Les sources d'Auvergne sont gratuites. Mme Gentil & Cie envoie des camions les pomper et revend cher l'eau ainsi recueillie ; c'est normal, car les bouteilles et le déplacement coûtent cher. C'est la faute aux fainéants qui préfèrent acheter l'eau au supermarché plutôt que d'aller boire aux sources. Cela va si loin que quand nous évoquons l'Auvergne, sur l'écran de notre imagination apparaît une bonne bouteille d'un litre et demi avec une rafraîchissante photo de montagne.

Les détournements de fonds ne s'arrêtent pas là. Les prêtres, les moines, les instructeurs religieux, les catéchistes, les gourous plongent dans l'océan divin, océan gratuit s'il en est. Puis ils reviennent à la surface pour vendre ses mini vagues.

Seuls les ermites restent constamment immergés dans l'océan. Ils sortent parfois la tête en disant : « Venez, c'est gratuit ! » Il est après tout normal de faire payer les mini vagues aux paresseux qui refusent de trouver le temps de se mettre en lotus un quart d'heure par jour afin de capter en direct l'éternel gratuit dans lequel pourtant ils baignent.

Au chapitre 20 du deuxième Livre des Rois, on raconte l'histoire arrivée à Ézéchias, roi d'Israël. Il avait reçu l'ambassadeur du roi de Babylone en la personne d'un certain Mérodak-Baladan d'Ur. Il lui avait fait voir toutes ses richesses, et le Babylonien avait été émerveillé par son arsenal, enivré par ses aromates, séduit par les culs en or des casseroles de ses cuisines.

Mais cette exhibition lui coûta fort cher : Mérodak-Baladan revint pour détourner les culs en or de ses casseroles et le reste.

Dans la nuit

Dans la nuit et dans les coins noirs
écoutons frôler murs et geindre
la patrouille des éteignoirs
cherchant des cierges à éteindre.
Le capuce sur leurs museaux
et la morosité dans l'âme
ils s'en vont armés de ciseaux
pour couper toute mèche en flamme.

Mais quand ils s'en sont retournés
à la façon des folles vierges
il leur manque un morceau de nez
resté dans les flammes des cierges.

Jongleries

On peut toujours jongler avec les frontières en rêvant de vies antérieures ou postérieures. Cela n'est pas plus grave que ce que font ceux qui les condamnent – je veux parler des théologiens qui blâment ceux qui croient aux réincarnations –, car eux se pavanent encore fanatiquement et indécrottablement dans la métaphysique et la théologie médiévale.

S'éduquer n'est pas récriminer

Beaucoup de jeunes ont compris la futilité, le néant, l'absence de vitamines de ce qu'on leur jette en pâture dans les établissements scolaires à propos du véritable but de la vie. S'élever contre cela représente pour eux un grand danger, car la rébellion seule est négative et ne change absolument rien.

Perdre du temps en récriminations est encore pire que de s'engluer d'illusions, car le murmure, dans la voie de l'accomplissement, est en réalité le pire des poisons. Si l'on est convaincu qu'il y a pour tout homme venant en ce monde une pédagogie cosmique, celle-ci ne nous lâche pas d'une semelle jusqu'à ce que la tâche soit achevée. Il faut donc être convaincu que la manière dont on est formé, et qu'on dénonce comme « vaine éducation », est elle-même un agent de dame Pédagogie.

Ce n'est pas notre situation dans la vie qui peut nous rendre heureux ou malheureux, dit le sage, c'est notre façon de la prendre.

Incontestablement et infailliblement, celui qui étouffe toute récrimination (toujours fondée sur la prétention de savoir, l'arbre de la science du bien et du mal) progressera dans son être. Quel progrès fera-t-il donc ? Il s'orientera vers ce qui est positif et non vers ce qui est négatif, il effacera de sa vie la tendance au murmure, qui est un gaspillage d'énergie. Il ne se forgera pas des lèvres en fer à cheval et aura moins de rides sur le visage. Et au lieu, peut-être, de se faire un nom dans l'invention de produits destinés à camoufler les rides creusées par le mécontentement et les contrariétés, il verra rayonner sur le sien la paix et la béatitude.

Pour conclure, je définirai comme éducation vraie tout ce qui place l'enfant sur les rails (et rails peut signifier contraintes, discipline) qui le conduiront à la béatitude en un temps record. Or la récrimination est mère de l'inadaptation et de l'agressivité. De plus, infinis sont les méthodes, les environnements, les idéologies, et tout cela est de peu d'importance. Un être fait son éducation à travers n'importe quoi lorsqu'il a atteint, instinctivement, l'état de disponibilité, d'accueil, de confiance, et qu'il est incapable de récriminer parce que sourd en lui l'amour inconditionnel envers tout ce qui existe.

Souffle commun

Il est juste, équitable et salutaire de se réjouir que tout homme sur la Terre ait droit à l'intimité divine du fait qu'il reçoit en naissant le souffle divin primordial – quels que soient sa race, sa culture, sa religion, son baptême ou non –, et de ne pas trop prendre au sérieux les maîtres en théologie qui pleurnichent le contraire.

La vraie noblesse

Il fut un temps où la noblesse avait besoin de se rassurer avec des tours, des créneaux et des mâchicoulis. Aujourd'hui, quand ils ne sont pas complètement en ruine, les remparts de la noblesse abritent des colonies de vacances, ce qui ne signifie pas que la noblesse et ses carapaces aient disparu : la vraie noblesse s'épanouit désormais librement dans les cœurs.

La religion s'est construite des fortins identiques à ceux de la noblesse : des cathédrales et des églises. Mais la religion aspire à faire sa demeure dans le cœur de l'homme et nulle part ailleurs.

La science avait ses édifices, ses estrades, ses sièges – les écoles, les universités –, mais n'importe quel étudiant peut savoir le laïus du professeur avant que celui-ci ait eu le temps de grimper sur sa chaire. Il est bien naïf de prétendre qu'une noblesse, une science, une religion puissent brandir un plus qui n'ait déjà été colporté souterrainement, avant que le conférencier n'ait ouvert la bouche.

En venant au monde, tout homme est convié à l'éternelle sagesse divine qui est le but de la vie humaine. Un code permet d'atteindre cette sagesse : c'est la religion éternelle, dont il existe des adaptations variées. Toutes les religions dignes de ce nom sont étymologiquement catholiques quant à leur enseignement essentiel. Certaines s'emparent du titre, ou de celui d'orthodoxie, sans que la catholicité ou l'orthodoxie rayonnent pour cela sur leurs adeptes.

Une religion qui prétend détenir la seule et unique vérité s'en verra immédiatement pillée sans que les pilleurs viennent pour autant l'engrosser.

Nulle religion n'est au-dessus des autres.

Ni au-dessous des autres.

Ni l'égale des autres.

La religion qui dépasse toutes les autres est celle qui compte le plus d'adeptes qui la dépassent.

Heureusement

Dans un village de Mayenne, deux femmes ne se parlaient plus depuis des années. Pendant la guerre, lors d'un bombardement, s'étant retrouvées nez à nez sous une gouttière de l'église, elles se sont embrassées.

Heureusement, n'importe qui peut être pacifique dans un monde en guerre.

Heureusement, n'importe qui peut être universel dans un monde de partis.

Heureusement, n'importe qui peut être sans frontières dans un monde mesquin.

Heureusement, on peut entrer au royaume des cieux avec des œillères tombant jusqu'aux orteils.

Heureusement, personne ne peut être gêné par les limites des autres tant que les nôtres ne se heurtent pas aux leurs.

Heureusement, jamais un homme ne cherche autant à s'harmoniser et à s'unifier lui-même que lorsque l'harmonie et la paix extérieure lui manquent.

Méthode et apparence

Deux charmantes jeunes filles, Christiane et Pushpa, entrèrent dans le gymnase. En voyant le moniteur, Christiane tomba immédiatement amoureuse de lui et, sous le coup de sa fascination, se mit à faire les mouvements les plus difficiles, les accomplissant avec virtuosité. De son côté, Pushpa exécutait les mêmes que sa compagne avec une conscience parfaite, sans faire le moindre cas du moniteur.

Sur le chemin du retour, elles se félicitèrent réciproquement de leur travail. « Moi, c'était à cause du moniteur, dit Christiane.

– Sans doute, mais tu as fait impeccablement tous les exercices d'assouplissement », répliqua Pushpa.

Telles apparaissent, *grosso modo*, la voie bouddhiste et la voie chrétienne, avec leurs dangers de déviation : pour le bouddhiste existe le danger de s'encombrer de méthode pour son travail de perfectionnement personnel ; pour le chrétien, celui de ne s'intéresser qu'au physique du moniteur, c'est-à-dire au Christ historique, et de négliger le but, qui est identique à celui du bouddhiste : l'accomplissement spirituel en vue d'obtenir la béatitude éternelle. Le but, c'est la réalisation de sa propre vérité, c'est-à-dire le Christ en tant que Vérité. En tant que Voie, il est le moyen. En tant que Vie il est le Tout aussi bien du chrétien que du bouddhiste et de tous les enfants de Dieu dispersés sur la surface de la Terre depuis toujours et à jamais.

Le maximum divin

Deux grands points de vue ont cours aujourd'hui sur le Christ historique : le point de vue de ses adeptes chrétiens – catholiques, protestants, orthodoxes, etc. – qui en fait un homme-Dieu absolument différent de tout autre homme ayant vécu avant lui et après lui ; le point de vue hindouiste et bouddhiste qui en fait un homme ordinaire ayant atteint une extrême spiritualité et que les hommes ont affublé de tous les attributs de la Divinité dont ils peuvent avoir l'idée. Ce qui suppose l'*a priori* – que ni les uns ni les autres ne contestent – que tout homme a en soi l'idée du maximum divin.

On peut se demander lequel de ces deux points de vue dépasse l'autre en merveille et en vérité, surtout si l'on se place du point de vue essentiel, celui de la pédagogie et de la métanoïa. Ils sont comme deux cartes géographiques dont l'une aurait été dressée par des géographes, l'autre à partir de photos prises d'avion ou de satellites. Que les géographes et les photographes se regardent en chien de faïence importe peu à celui qui utilise l'une ou l'autre carte pour arriver à sa destination.

Les canons de la statue

Quelle différence y a-t-il entre spiritualité et religion ?

Ce fut une bonne œuvre religieuse que fit la France quand elle fondit les canons pris aux Allemands à la fin de la guerre 1914-1918 pour fabriquer la statue de Notre-Dame du Puy. Ç'aurait été une bonne œuvre spirituelle que de doubler la hauteur de la statue en y ajoutant les nôtres.

Règne de Dieu et Nirvana

Les chrétiens prient pour que le règne de Dieu arrive en eux. Les bouddhistes passent leur temps à chasser les obstacles qui les éloigne du *nirvana*. Bonnet blanc, blanc bonnet.

L'homme libéré

Si un être souffre dans le monde, c'est parce qu'il transgresse la règle du jeu, du fait de son ignorance.
Sur le terrain de football, le ballon passe dans les jambes des joueurs. La règle du jeu exige que celui qui le reçoit le garde le moins de temps possible et le fasse passer. Le garder constitue une faute, le toucher de la main en constitue une autre. Plus le ballon circule, plus le jeu est actif et vivant, et plus chaque joueur jouit de la présence du ballon. Tout l'intérêt du jeu, tout l'essentiel du jeu, réside donc dans la non-possession du ballon. La partie est bien jouée, et les joueurs heureux, quand ils connaissent les règles, en théorie et en pratique.

Mais si un chien entre dans le jeu, s'empare du ballon et le garde, il gâche tout. Son ignorance des règles, en théorie comme en pratique, fait que le jeu lui devient un tourment. Il ne peut que recevoir des coups de pieds.

L'homme qui souffre est semblable à ce chien sur un terrain de football : il souffre parce qu'il s'empare, accapare, fait acte de possession et ne reçoit que des coups de pieds – autrement dit des revers de fortune, des pertes, des méfaits, des contrariétés. Le tragique pour l'homme, c'est que contrairement au chien éjecté du jeu il est constamment ramené au centre par l'arbitre. L'homme n'a pas d'échappatoire : soit il souffre, c'est-à-dire reçoit les coups de pieds, soit il apprend et applique la règle du jeu.

Or la règle du jeu – la béatitude de la vie –, c'est la non-possession, la perpétuelle passe à l'autre, comme d'ailleurs la perpétuelle réception. Car l'autre étant innombrable, plus on passe, plus on reçoit. L'homme libéré jouit du monde entier. C'est à partir du moment où il coupe une parcelle de terrain et se l'attribue égoïstement en disant « mon terrain » qu'il perd la jouissance du monde entier. L'homme libéré jouit de la vie éternelle. C'est à partir du moment où il s'en tranche un morceau en disant « ma vie » qu'il se coupe de l'infinité pour jouir d'une courte et mesquine vie.

Ne pas se replier

Dans son sermon à Notre-Dame de Paris, un cardinal disait que pour rejoindre amoureusement les pauvres des pays démunis, il ne fallait pas se contenter de leur envoyer des vivres et des vêtements, mais apprendre à vivre un état de non-possession au milieu de notre propre superflu.

De la même façon, si nous voulons rejoindre amoureusement en spiritualité nos frères les hommes de toutes les religions, il ne faut pas nous replier telle une tortue dans notre étroite boîte confessionnelle, mais simplement vivre un état de non-possession à l'égard des dogmes du système dans lequel nous cherchons la sécurité.

Les crottes du diable

Le fait d'avoir créé des parcs, des réserves écologiques, des jardins d'acclimatation très propres semble permettre de laisser partout ailleurs traîner des papiers gras, des mégots de cigarettes et des bouteille vides.

Le fait d'avoir mis tout ce qu'il y avait de divin dans l'emballage « Bible » permet de décréter que le reste du monde est empli des crottes du diable.

La paix dans tous ses états

À Assise, en 1984, le pape dit : « Il ne s'agit pas de chercher un dénominateur commun à toutes les religions. » Sans doute voyait-il à travers un nuage la tête du pape défunt qui avait condamné le syncrétisme. Or aussitôt après, cette belle fusée lui échappa : « La paix est le nom de Jésus-Christ. » Dans son discours, le grand rabbin déclara en hébreu : « *Shalom*, la paix, est le nom de Dieu. » Son tour venu, le leader religieux musulman s'empressa de dire la même chose : « *Salem* est le nom de Dieu. »

Sur son nuage, le pape défunt se voila la face. Jean-Paul a été grossièrement piégé par le Saint-Esprit. Seuls les lefèvristes ont crié au scandale. Le comble fut quand les bouddhistes présentèrent *Shanti*, la paix en sanscrit, comme un synonyme de « Béatitude sans condition ».

Autrement dit, le moins syncrétiste de tous, c'est encore l'autre. Le mot « paix » était écrit sur une banderole dans toutes les langues du monde, derrière le dos de tous les représentants des religions. Cette banderole formait une cage qui enfermait tout ce beau monde syncrétisé à son insu.

Que la paix soit avec vous, *Salem Aleikum*, etc., tout cela revient à dire « Jésus-Christ soit avec vous », s'il s'agit toutefois de la paix inconditionnée et immarcescible. Est-ce le pape qui mine de rien les a tous mis dans son sac, ou est-ce le Saint-Esprit qui les a mis dans le sien, mine de tout ?

Omniprésence divine

Une théologie chrétienne qui ne fait cas que de l'épiphanie de Dieu s'attire l'ironie de la Sagesse éternelle qui dit par la bouche du sage : « Un Dieu qui apparaît un jour et disparaît le lendemain ne mérite pas grande attention. »

Acte de foi

Croire au Christ ou croire à son message est la même chose, disent les saints. Le message du Christ, dont l'essentiel est délivré dans le Sermon sur la montagne, est aussi l'essentiel du bouddhisme tel que délivré dans l'Octuple Sentier. On peut le voir vécu aussi bien dans un bouddhiste que dans un chrétien sans référence à Jésus.

Mais jamais le chrétien n'arrivera à persuader un bouddhiste de faire acte de foi dans l'histoire. Or on ne peut faire un acte de foi en Jésus historique si on ne fait pas auparavant un acte de foi solennel dans le sens de l'histoire. Heureusement, le message la dépasse par tous les bouts, et le Christ aussi.

À chaque respiration

L'expérience spirituelle que Pascal a eue à travers sa Bible, qui l'a extasié et qu'il a cru bon de coudre dans le revers de son veston pour ne pas l'oublier, on peut la capter à chaque respiration, sans fil, sans aiguille et sans veston.

Emballage biodégradable

Aussitôt qu'ils ont été cueillis, les fruits et les légumes sont enfermés dans un emballage biodégradable.

Les êtres humains qui ne savent pas qu'il y a un ciel au-dessus d'eux – lequel est déjà un super emballage – se précipitent dans le biodégradable que sont les institutions sociales, politiques et religieuses.

Les travers de la vie

Les travers de la vie nous donnent l'occasion
de gagner en humilité
ce qu'ils nous font perdre en prétention.

Sa propre saveur

La découverte et l'adoration de la divinité locale, indigène, sont provisoires. Tant que la divinité est locale et indigène, elle n'est pas catholique, c'est-à-dire universelle. Saint Paul, saint Augustin et tous ceux qui ont évolué normalement sont passés de l'une à l'autre et l'ont formulée : le premier en déclarant que son Dieu historique, Jésus, vivait en lui plus que lui-même, le second en avouant qu'Il lui était plus intime que son propre moi.

C'est le cheminement plus ou moins rapide de tout homme de découvrir que tout ce qu'il va chercher au dehors se trouve totalement en lui, comme en chacun de ses semblables. Tout fruit ayant atteint sa maturité obtient sa propre saveur. Le transbahutement des valeurs locales et indigènes est un moyen non essentiel d'arriver à cela.

Si l'on prend un à un tous les dogmes que l'Église a prétendu imposer partout, et qu'on les brise contre la pierre qui est le Christ – non une idée de Christ – on s'apercevra qu'on prenait la coquille pour le fruit. L'amande contient les mêmes éléments nutritifs que la noix : seule l'apparence extérieure fait illusion. Nous sommes tombés dans l'hérésie de la quantité dont parle Tagore. Je ne sais si aux grandes époques de la colonisation des colons ont eu la maladresse de mettre le feu aux plantations de noix de coco pour les remplacer par des noyers bien de chez nous, mais c'est en tout cas ce qu'ont prétendu faire les missionnaires en Inde, sous prétexte qu'ailleurs la chose avait été efficace.

Le chrétien allait porter là-bas le commandement divin « Tu ne tueras point », alors que l'hindou religieux tuait moins que lui : pour le chrétien, en effet, le « ne pas tuer » concerne uniquement les hommes... Le chrétien allait porter aux bouddhistes le « Tu ne convoiteras point », alors que ce précepte fait partie depuis bien longtemps de leur enseignement, qui prêche en outre que la béatitude est une conséquence de l'abolition non seulement des désirs illégitimes, mais également des désirs légitimes impermanents. Le chrétien allait porter le « Pardonnez les offenses » aux taoïstes qui savaient déjà que « Renoncer à toute prétention c'est être libre de tout souci ». Il n'y a rien à pardonner lorsqu'on a fait le vide de son ego car on se trouve alors dans l'inoffensable : seul l'ego est capable de ressentir une offense.

Celui qui manque le grand soleil doit allumer des tas de petites chandelles. Celui qui ne peut enjamber les horizons par la prière et la contemplation éprouve le besoin de les enjamber à pied, en voiture, en avion. Celui qui ne s'est pas invité à la danse cosmique doit se payer des spectacles de gesticulations. Celui qui est détenu dans son corps doit lui demander des lots de consolation. On peut demander n'importe quoi à un directeur de prison, sauf la clé des champs... Élysées.

Pleurer de joie

Une méditation sur l'Être qui ne nous fait pas pleurer de joie ne vaut pas cher. Quand l'Être se révèle dans la méditation il est beaucoup plus Mère qu'Être.

L'arche d'alliance

L'arche d'alliance de Moïse avait un contrat d'assurance éternelle. Tout le monde a cru qu'il s'agissait de l'emballage en cèdre du Liban.

Le temple de Salomon avait lui aussi une assurance éternelle et on le chante encore dans les psaumes. Tout le monde croyait qu'il s'agissait de l'emballage en maçonnerie. On sait ce qu'il est advenu de l'arche d'alliance. Il paraît qu'on la cherche encore. On sait ce qui demeure du temple : des pierres co...pieusement arrosées par des pleurs, pour le grand bonheur des saxifrages.

L'Église a reçu un contrat d'assurance éternelle de son fondateur et tout le monde croit qu'il s'agit de son emballage canonico-dogmatique.

Le cœur de l'homme

On dit sans réfléchir que les juifs n'ont plus de Temple depuis la destruction de celui de Jérusalem en 70 ; mais ils ont compris, à l'écoute de leurs prophètes, que le seul vrai temple, c'est le cœur de l'homme. Ceux qui continuent à arroser les vieux murs de leurs pleurs les font vieillir plus vite encore. Mais ce Temple est loin d'avoir disparu : les chrétiens l'ont multiplié à l'infini en le reproduisant dans les cathédrales et les églises de toutes les agglomérations chrétiennes de la planète.

Un diplomate israélien visitait la France. Le guide l'emmena dans toutes les grandes villes et lui fit visiter Notre-Dame de Paris, Notre-Dame de Chartres, Notre-Dame d'Amiens, Notre-Dame de Bourges, Notre-Dame de Reims.

L'Israélien demanda : « Qui sont donc ces Notre-Dame... de ces richesses séculaires ? Cette Notre-Dame ne serait-elle pas juive, par hasard ? »

Valeurs et foutaises

Lorsque je faisais l'École hôtelière, pour honorer un couple d'amis juifs, je fis une pièce montée en choux à la crème, y dépensant toute une mensualité. N'ayant plus un sou pour prendre le bus, je la portai à bout de bras sur cinq kilomètres, entre Ben-Aknoun et Bouzaréah.

Lorsque j'arrivai à la maison des jeunes mariés, je n'y trouvai que les deux sœurs de l'épousée, les époux étant allés passer la nuit de noces au grand hôtel Aleti d'Alger. Nous passâmes la nuit à les attendre, en vain, grignotant la pièce montée depuis le haut jusqu'au nougat de base. La conversation dérivait souvent vers la spiritualité. M'adressant tout à coup à l'aînée, je lui dis : « Vous raisonnez comme une chrétienne. »

La réponse fut une avalanche d'invectives parfaitement méritées : « Vous, les chrétiens, vous croyez avoir l'exclusivité de l'intimité divine. Nous les juifs, nous avons des valeurs spirituelles et aussi des foutaises, tout comme vous. Mais dès que vous faites des comparaisons, vous mettez vos valeurs en balance avec nos foutaises au lieu de les mettre en balance avec nos valeurs. »

Le droit à l'intimité divine

Devoir de théologie de troisième année de l'abbé Net
– auquel il n'a obtenu que 19 sur 20 pour les raisons
ci-dessous expliquées – sur le sujet suivant :
Que diriez-vous sur l'intimité divine à laquelle ont
droit les hommes sur la Terre ?

Les stoïciens et les bouddhistes n'y ont pas droit. Les
musulmans y ont droit un peu, semble-t-il, à cause de
cette sourate qui dit que Dieu est plus proche de
l'homme que sa veine jugulaire, mais ils y ont moins
droit que les juifs en raison de l'élection divine de ce
peuple, lequel y a moins droit que les chrétiens protestants car il n'a pas le Nouveau Testament.
Les protestants n'ont pas autant droit à l'intimité
divine que les anglicans car ceux-ci ont une eucharistie placebo tandis que celle des protestants n'est
que symbolique. Les anglicans ne jouissent pas d'une
aussi grande intimité divine que les orthodoxes dont
l'eucharistie est aussi valide que celle des catholiques ; cependant, leur manque de filioque leur interdit une aussi étroite intimité divine que les catholiques.
Chez les catholiques, les dominicains n'y ont pas
autant droit que les bénédictins, qui vivent davantage dans la contemplation, et les bénédictins pas

autant que les cisterciens qui sont beaucoup moins coureurs et plus silencieux. Ces derniers n'y ont pas autant droit que les chartreux et les ermites qui vivent dans les grottes en oraison perpétuelle.

Le professeur de théologie a donné 19 sur 20 à ce magnifique travail et il a ajouté cette note : « Je vous aurais mis 20 si vous aviez terminé en disant que les ermites qui ne pratiquent pas l'eucharistie à domicile, ou qui ne font pas dix kilomètres pour aller chercher l'intimité divine à l'église voisine, n'y ont pas plus droit que les bouddhistes et les stoïciens. Ils n'ont droit qu'à la peine du dam, qui est justement l'absence éternelle d'intimité divine. »

L'exclusivité de l'intimité divine

Comme je lui faisais remarquer que la crème Simon qu'elle se mettait sur la peau était à base de saindoux, elle jeta le tube par dessus la clôture et il alla tomber dans le jardin du couvent franciscain qui jouxtait la maison.

« Oui, dit-elle, c'est de la foutaise juive que l'attachement au kasher et compagnie, mais le sacrifice qu'endure le peuple juif depuis des temps immémoriaux est aussi valorisant pour nous que celui de Jésus-Christ pour vous. Il nous invite à franchir personnellement le seuil de l'intimité divine comme vous le faites, vous, au nom de Jésus – qu'une poignée d'imbéciles heureux ont condamné et que nous vénérons aussi sans pour cela lui mettre sur le dos le manteau dogmatique du salut exclusif qui le ridiculise autant que celui que lui mirent ses bourreaux la nuit des condamnations. Du Christ messie vous avez la fleur, nous avons les racines. En vivant à fond notre judaïsme, nous allons au même essentiel que vous qui n'auriez rien sans les racines. »

Cette conversation fut à l'origine de ma révision de mon catéchisme primaire. Aucun emballage n'a l'exclusivité de l'intimité divine.

Foi et croyances

C'est être catholique que de reconnaître une foi commune à tous les êtres humains : telle est l'aspiration à la béatitude sans conditions, éternelle.

C'est encore être catholique que d'accepter les diverses croyances religieuses et culturelles qui vont dans le sens de cette foi. Le concile Vatican 2 les a appelées « valeurs des religions non chrétiennes ». Si elles sont reconnues comme des valeurs, il n'y a aucune raison de ne pas les englober dans les croyances chrétiennes, dont certaines ne valent pas mieux.

Tous les moyens conditionnés pour mettre les hommes en contact avec la béatitude sans conditions, c'est-à-dire le plus obligatoire des sacrements, sont des moyens pédagogiques. Ils accompagnent tout homme dans sa propre culture depuis sa naissance et il n'est pas donné aux hommes en général de les choisir. Si la foi est éternelle, les croyances peuvent devenir désuètes et être remplacées par d'autres.

L'arche d'alliance semble bien avoir été un sacrement nécessaire pour Moïse. Elle était la présence de Dieu au milieu du peuple d'Israël, et cela jusqu'à sa disparition mystérieuse au temps des Macchabées. L'arche a disparu, mais ni Dieu ni l'alliance n'ont disparu. C'est alors le Temple, avec le Saint des Saints, qui devint le lieu sacré par excellence, où le grand prêtre ne pénétrait qu'une fois par an, tout tremblant.

Le Temple fut détruit en l'an 70, et jamais reconstruit. Les juifs vont pleurer contre le pan de mur qu'il en reste et les chrétiens retiennent ce même Dieu prisonnier dans le tabernacle, sous la forme du pain et du vin, entrant en contact avec Lui en un clin de langue et d'estomac. Heureux celui qui arrive à prolonger ce contact au-delà de la minute rituelle par l'oraison, car c'est dans l'oraison que la présence demeure éternellement. Beaucoup de gens utilisent le sacerdoce et les fonctionnaires de Dieu comme ils accomplissent de leurs devoirs traditionnels : payer ses impôts, faire ses comptes, être en harmonie avec ses grands-parents... Comme le chat qui se dore au soleil après avoir fait sa toilette. Ceux qui pensent que le but de la vie humaine est la divinisation vont plus loin dans leur démarche, et les plus pressés pratiquent le yoga.

La femme salvatrice

La femme, qui est devenue esclave du rendement et de la mécanicité productive, a oublié son rôle péda-gogique essentiel – lequel est un vrai sacerdoce – et réclame une fonction superficielle sacerdotale qui satisfasse davantage son besoin d'artificiel. Mais celle qui sait sa vocation de former un enfant, de le faire passer de l'animalité à l'humanité et à la divi-nité, n'éprouve aucun besoin de grimper sur une estrade et de remuer du vent en bénissant une assem-blée qui s'en vient, qui s'en va et qui s'en fout.

Au reste, l'ermite n'est pas plus qualifié pour parler du sacerdoce rituel, moyen de communication maté-riel, que ne l'est le poisson pour parler des robinets et de l'adduction d'eau à des êtres qui ne sont pas comme lui immergés dans l'océan.

Bonne de curé

Un prêtre anglican s'en va, avec sa femme, trouver un évêque catholique pour lui demander de lui donner le sacerdoce romain.

L'évêque lui impose les mains et termine la cérémonie en disant : « Désormais, vous n'êtes plus prêtre anglican mais prêtre catholique. » Le nouveau prêtre impose alors ses mains sur la tête de sa femme en disant : « Désormais tu n'es plus ma femme, mais bonne de curé. »

Joyaux précieux

Si l'on secoue l'emballage de l'islam, une myriade de saints musulmans vivant l'intimité divine va surgir comme d'un chapeau magique, et il en sera de même pour n'importe quel emballage-religion. Bien sûr, on n'est pas obligé de demander cette introspection aux responsables et aux prosélytes chargés de la pub de leur système respectif. Par exemple, commentant l'attentat à la bombe dans une église du Liban, le pape a dit : « C'est un attentat contre Dieu et ses enfants. » Il ne lui est pas venu à l'idée de dire la même chose, trois jours auparavant, quand fut commis le massacre dans la mosquée du tombeau d'Abraham. Qu'on le dise ou non, l'intimité divine est au fond de tous les emballages, tous étant remplis de joyaux précieux en voie de divinisation.

Si l'intimité divine, but de tout homme, est conditionnée par l'appartenance à une religion-emballage, cela revient à infliger le blâme du Christ : « Imposer aux autres ce qu'on ne veut pas soulever du doigt. » Les théologiens qui ont le nez dedans ne savent pas ce que c'est que trahir son parti.

Hérétique

Quand je suis parti en Inde, lors de mon premier voyage, le père abbé du monastère où j'avais fait mon noviciat, pour me préserver, me recommanda vivement de prendre contact avec le père Bède Griffith, fondateur d'un ashram hindou-chrétien. Hélas, lui aussi est parti dans l'autre monde avec l'étiquette « hérétique » accrochée sur son dos. Quand les épines qui ensanglantent le museau du bélier auront toutes été broutées, le troupeau de moutons passera la haie et s'engraissera des fines herbes qu'elles protégeaient.

Délinquance spirituelle

Considérer comme catastrophique le fait d'être orphelin est de la délinquance spirituelle. C'est un coup monté par la Mère divine pour cajoler sans intermédiaire. Telle est la signification du verset du Psaume : « Mon père et ma mère m'ont abandonné, le Seigneur m'a pris en charge. » C'est aussi le comportement de Jésus avec les tout petits. « Leurs anges voient la face du Père » signifie que celui qui se comporte en tout petit a droit, comme sainte Thérèse, au titre de noblesse « de la Sainte-Face ».

Sans sac

Sur un marché indien je commandai un demi-kilo de lentilles, mais n'avais pas de récipient pour les transporter. Le marchand, qui les avait en vrac, les versa dans un pochon en papier et majora le prix de deux *peisas*. Je dis au jeune Indien qui m'accompagnait qu'en France l'emballage était compris avec la marchandise. À son tour il commanda une banane. Le marchand la lui remit pour quatorze *peisas*. Cet espiègle posa alors douze *peisas* sur le comptoir et, cérémonieusement, y ajouta la peau de la banane. Puis il s'en fut précipitamment en disant : « Sans emballage. » Et la banane toute nue, honteuse, s'engouffra dans le premier emballage à sa portée : la bouche ouverte pour un éclat de rire.

Coupable

Un dominicain a dit à la radio que ce qui séparait les chrétiens des juifs, c'était Jésus-Christ. Il aurait pu chercher un autre coupable.

Eucharistie

De même que la poupée aide la petite fille à découvrir sa maternité en puissance, l'eucharistie doit cerner et allumer la divinité en puissance dans l'homme.

Omnisecte

La grande peur des chrétiens, ce sont les sectes.

Ils ont beau admettre l'existence de la Providence avec un grand P, ils ne la comprennent pas comme une personne ou une personnalité, mais comme une impersonnalité : du moment qu'elle ne fait pas taire les guerres, qu'elle n'empêche pas mon enfant de mourir ou ma belle-mère de m'enquiquiner, elle n'est pratiquement d'aucun secours.

La prolifération et la perniciosité des sectes semblent lui échapper complètement.

La foi en la Mère divine ou Providence personnelle coupe les bras aux interventionnistes dont font partie les clercs et pasteurs des Églises, qui semblent croire que sans eux rien ne marcherait plus dans le monde. Or rien ne sert de tomber les bras, ils feraient mieux de continuer à sourire quand tout va à l'encontre de ce qu'ils avaient escompté de leur intervention. Lorsque l'abbé Pierre dit : « Je crois quand même à la Providence », ce « quand même » rapetisse quelque peu la majusculéité de son P.

En réalité, Dieu ne voit pas de sectes. Il ne voit que des enfants, où qu'ils se trouvent enfermés. Si Dieu s'arrête à l'emballage pour entrer en intimité avec un fils d'homme, c'est qu'Il est devenu borné, Il perd son auréole de Père. Partir en guerre contre les sectes n'a en rien diminué leurs effectifs. Si un adepte est sincère, de deux choses l'une : soit la secte ne lui fera aucun mal tant qu'il en aura besoin, soit il s'en échappera. Parler d'emprise incontrôlable, c'est mettre Dieu en dehors du coup, c'est une infamie réservée à ceux qui s'imaginent être en dehors, alors qu'ils sont enfermés dans une secte dont ils ont peint les barreaux en or. Vivékananda dit en parlant des sectes : « Plus il y en a, mieux ça vaut », et Gamaliel : « Si elles viennent de Dieu, vous vous casserez les dents dessus, si elles viennent des hommes, elles disparaîtront toutes seules. » Donc, si l'on s'en tient à la Bible, l'inintervention est la meilleure intervention en ce qui concerne les sectes. Le christianisme fêtera bientôt ses deux mille ans ; le bouddhisme, cinq cents ans de plus ; quant à l'Islam, il en est à son Moyen Âge, avec le « Crois ou meurs » qui était celui des chrétiens à la même époque.

Être antisecte, c'est se retrouver seul face à tous. Il faut être omnisecte.

L'œcuménisme

L'œcuménisme est le résultat du détachement indi-
viduel vis-à-vis de la matérialité des dogmes. Les
rivières ne se rencontrent jamais si ce n'est dans
l'océan où elles perdent leur état de rivières.
Les religions sont des bâtiments comprenant cave
et terrasse. À la cave, toutes les religions sont des
sectes ; à la terrasse, la secte la plus bornée est catholique, car universelle. Une fois sur la terrasse, tout
être de n'importe quelle religion devient catholique.
En revanche, le catholique enclos dans la cave de sa
religion par son attachement à la matérialité de ses
dogmes est un sectaire.

Sincère et fervent

Si sincère et fervent de tout son cœur il aime
peu importe dès lors le nom de son système.
Sa croyance n'est plus gourdin de policier
mais coussin de repos sur lequel il s'assied.
Il n'est plus aux partis de ces savants qui jugent
celle d'autrui par le soupirail de leur cave.
De sa paroisse il a rabattu les parois.
Et de son faîte il a démonté tous les toits
Il s'expose aux rayons de la céleste grâce
sans en éviter un de sa terrasse.

Bossus & Co

Ci-joint une parabole qui veut expliquer comment un emballage défectueux bien utilisé a l'énorme avantage de perdre toute défectuosité.

Le mal n'est un mal que si on le prend mal : il était une fois un enfant né bossu. Il ne s'en rendit pas compte tout de suite ; c'est seulement à l'école maternelle qu'il en vit l'énormité, bien qu'elle fut sur son dos. Quand ses petits camarades la lui soulignait du doigt, il allait pleurer dans un coin. Si la maîtresse lui demandait ce qu'il avait à pleurer, il lui disait : « Pourquoi ai-je une bosse ? » La maîtresse lui répondait que la nature l'avait ainsi fait et qu'il fallait la prendre comme elle était. Puis elle caressait sa bosse. Quand il alla au catéchisme, tous les autres regardaient la bosse et le bossu pleurait dans un coin. L'abbé lui demandait ce qu'il avait à pleurer. Il répondait : « Pourquoi ai-je une bosse ?

– C'est le bon Dieu qui t'a fait comme ça, il ne faut pas chercher à comprendre.

– Bon, dit le gosse à la bosse, si c'est le bon Dieu, c'est qu'il n'est pas aussi bon que vous le dites. » Et il cessa de venir au catéchisme.

Alors, le rencontrant un jour, le prêtre rectifia sa théologie : « Ce n'est pas le bon Dieu qui t'a fait bossu, ce sont tes parents. » L'enfant alla demander à

ses parents : « Pourquoi m'avez-vous fait une bosse ? »
Ils ne surent que répondre et se contentèrent de lui
répondre, comme à beaucoup d'autres questions que
posent les enfants : « On te le dira plus tard. »

Quand l'enfant eut atteint le « plus tard », il reposa sa
question et on l'envoya chez un vieil homme du village qu'on appelait le Chinois parce qu'il avait les
yeux bridés et réponse à tout. « Savez-vous pourquoi
je suis bossu ? lui demanda l'enfant.

– Ne dis pas que tu es bossu, rétorqua le Chinois, dis
que tu as une bosse. Tu as des copains qui ont des
lunettes, on ne les appelle pas « lunettés ».

– C'est vrai, dit l'enfant, mais les lunettes les rendent
plus intelligents tandis que ma bosse me fait paraître
idiot.

– Tu as une bosse comme un autre a une verrue
sur le nez, un autre des lunettes, un autre un œil qui
dit merde à l'autre. Toi, tu n'es pas bossu, c'est ton
corps qui a une bosse et ton corps n'est pas toi. Tu as
un corps, ton corps a une bosse. Aucun carrossier ne
te l'enlèvera, roule avec, et tu ferais mieux de t'en
réjouir au lieu de t'en désoler. Tu as de l'avance sur
les autres pour gagner ton indépendance, qui est le
couronnement de la vie. Pendant que tes copains
sans bosse vont se faire piéger par les filles, toi, elles
ne te regarderont pas et tu échapperas au piège. Tu as
plus de chance de rester libre sentimentalement et
sexuellement. Ta bosse est une enseigne, un panneau
indicateur qui te signifie que tu as d'autres choses à
faire dans la vie que ce que fait le commun des mortels. Si tu la prends comme un handicap, une malveil-

lance de la nature, du ciel, de Dieu ou de tes parents, tu rates l'occasion. En toi n'apparaîtront point les signes de ta vocation. Dans le cas contraire, ta bosse sera comme la réserve d'un cadeau céleste, un don privilégié, un coffre à sacrements, et tu te cacheras encore pour pleurer, non point de dépit, mais de joie en constatant toutes les merveilles que le ciel, la nature, Dieu font par ton intermédiaire. »

Le doigt qui montre la lune

« Tous les hommes sont à la même distance du ciel », disaient les Anciens. Autrement dit : théologiens sublimes ou Pygmées, tous les hommes en sont au même point par rapport à l'Être.

Mais quand les systèmes qui ont la prétention de nous en rapprocher se sont encombrés d'ustensiles, il faut de temps en temps inviter le roi de Babylone à venir nous en débarrasser.

Quand le doigt qui montre la lune devient si énorme qu'il la cache, c'est à son tour d'être mis à l'index par tous les gens qui veulent voir la lune non éclipsée par le doigt.

Faire la planche

« Avaler son bulletin de naissance » signifie qu'on est mort. Avaler son ego, dans le bouddhisme, signifie ne plus être du monde, dans le monde.

Avaler Jésus-Christ, dans l'eucharistie, signifie vivre les sentiments de son inventeur à la veille de sa mort. Et tout cela se rejoint dans l'expression « faire la planche », c'est-à-dire se reposer dans l'éternel absolu : pour moi, c'est le câlin de l'enfant dans les bras de la Mère Divine.

Le Saint des Saints

Basiliques, cathédrales
temples aux somptueux dômes
non, en aucun n'égale
le Saint des Saints d'un cœur d'homme
ces sanctuaires susdits
n'en sont que les sacristies.

La terrasse de la religion

Qu'est-ce que la terrasse de la religion ? C'est le lieu dont parle Jésus de Nazareth dans l'Évangile, duquel il ne faut pas descendre pour prendre son manteau dans la maison quand arriveront « ces choses ».

Que sont ces choses ?

C'est la fin du monde et la fin du monde, c'est lorsqu'on prend conscience que ce monde-ci n'est que le documentaire de l'autre.

Dès lors, on ne prend plus rien au sérieux dans ce monde-ci. Il est donc fini, bien qu'il continue allègrement pour les autres autour de soi et que le documentaire fasse encore salle comble.

Et qu'est-ce que le manteau ?

C'est le contraire de la nudité béatifiante.

Idole

Quelle différence y a-t-il entre ceux qui adorent une divinité locale et les chrétiens qui ne reconnaissent le Christ que sous son aspect historique ?
On l'enferme dans un mot à cinq lettres.
Tous sont des écoliers qui jouent aux geôliers.

Le loup de Gubbio

Contrairement à ce que l'on croit et raconte, saint François n'a pas converti la grosse bêbête de Gubbio. Ce sont les gens de Gubbio qui ont fait ami-ami avec la grosse bêbête en partageant avec elle le trop-plein de leur garde-manger.

On ne se débarrassera pas davantage de la grosse bêbête du syncrétisme maudit par les papes du siècle dernier. Il faut jongler avec elle et c'est un art. Il n'y a d'ailleurs plus que cette grosse bête-là que les conservateurs considèrent comme une hérésie, pour la raison qu'elle saccage et dévore leurs prérogatives, leurs privilèges, leurs propriétés privées.

Le loup de Gubbio a délivré les habitants de leur égoïsme, de leur peur, de leur enfermement, ce qui n'a pas empêché les mauvais romanciers de faire croire que les gens de Gubbio bénissait saint François d'avoir rendu le loup si bête qu'il les laissa désormais se goinfrer de moutons sans rien partager.

En foutant en l'air et crevant les emballages, la grosse bête du syncrétisme redonne au merveilleux contenu, qui n'est nul autre que Jésus, les attributs de multiplicité qu'il se donne lui-même dans son incarnation palestinienne. Il se définie comme Voie, Vie, Vérité, Sarment, Eaux vives, Bon Berger..., et j'en passe. C'est-à-dire tout ce que les folles théologies de tous les temps lui avait déjà donné, mais que des esprits possessifs avaient bousculé dans leur procession fanatique. Son attribut de berger était déjà très florissant en Inde pour désigner Krishna bien avant qu'il ne soit ainsi nommé.

Le jardin théologique

La notion de « Fils de Dieu », qui fait florès dans le christianisme, devient inacceptable une fois littéralement transplantée dans la théologie islamique, car elle est entachée d'associationisme et incompatible avec la contemplation divine. Le chrétien qui se laisse dorloter par la notion de fils de Dieu n'est pas en meilleure posture que le musulman qui se met à plat ventre dans sa soumission à l'Éternel. Dans le christianisme, la notion de Personne exalte la Divinité, alors que dans le bouddhisme le mot « Personne », affublé d'une énorme majuscule, est entaché de prétention et incompatible avec l'absence de tout colifichet qu'est le *nirvana*. Le bouddhiste qui fait la planche sur ce *nirvana* en est au même point que le chrétien qui se laisse dorloter par la Personne suprême.

Les mésententes n'existent que parce qu'on transplante dans le jardin théologique des autres des plantes allergiques au terrain. Inutile de transplanter des oliviers là où poussent des palmiers. Extrayonsen l'huile. C'est à leur digestion, dit le Verbe palestinisé, que vous les apprécierez. Jamais Jésus n'a voulu imposer au monde entier sa palestinisation. Voie, Vérité et Vie sont aussi l'idéal du bouddhisme. Or Jésus s'est identifié à ses 3 V. Suivre l'un ou l'autre revient donc au même.

Intégrer les valeurs

Les conservateurs qui ont peur d'intégrer les valeurs des religions non chrétiennes sont dans le même cas que les pêcheurs bretons qui par intégrisme refoulent le poisson étranger. Ils savent qu'il est aussi bon, mais ce sont leurs prérogatives et leurs portefeuilles qui sont en cause.

Comme des petits enfants

Jésus dit : « Si vous ne devenez comme des petits enfants vous n'entrerez point dans le royaume des cieux. »

Il n'a pas dit : « Si je n'arrive pas à faire de vous des petits enfants. »

Il n'est donc pas en désaccord avec le Bouddha qui dit : « Soyez à vous-même votre propre lanterne » pour atteindre le *nirvana*.

Le maximum d'amour

Lorsque le palais fait des frasques
Pauvre foie innocent, tu casques
L'humanité est un grand corps
Sur tous sont répartis les torts
L'un fera des excès de table
Un autre en sera le coupable
C'est ce qui fait dire à beaucoup
qu'il n'y a pas de Dieu du Tout
Cette constatation n'attriste
réellement que l'égoïste
Car celui qui est éveillé
d'avance a déjà tout payé
Le monde n'a aucun sens pour
qui n'a le maximum d'amour.

Cour des miracles

Une dame est venue, fort chagrinée car son chien s'était fait écraser... « Ah ! lui dis-je, voyez là un heureux sans chien. »

Un monsieur est venu, bien déprimé, car ses enfants ne viennent plus le voir... « Ah ! monsieur, voyez là un heureux sans enfants. »

Un prêtre est venu, fort marri de ne plus pouvoir dire sa messe, le médecin lui a interdit la moindre goutte de vin. « Quelle curieuse farce le Bon Dieu vous a donc fait là, lui dis-je. Il aurait dû la faire plutôt à un bouddhiste ! »

Et une autre dame est arrivée sur le dos de son fils. Elle est paraplégique. Elle a des hauts et des bas. En cas de bas, elle garde le moral ; en cas de mieux, elle va même au bal... « Ah ! dis-je, êtes-vous sûre qu'on vous demande cela ?

– Si, si, il faut tenir tête, mais je sais bien que ce qui m'attend, c'est la voiturette.

Et l'homosexuel est arrivé : « Pourquoi aurions-nous mauvaise conscience d'user de notre sexualité selon notre mode désapprouvé, comme les hétérosexuels selon leur mode approuvé ? »

Eh bien non... L'homosexuel comme la paraplégique, comme les autres, s'ils méditent, entendront au fond de leur cœur une voix qui les invitera à dépenser leur énergie à une œuvre moins égoïste, plus noble et en définitive plus bénéfique et béatifiante pour eux et l'humanité entière.

Mais félicitons ceux qui manifestent le contentement et l'adhésion à la volonté divine ou à ce qui est. Ceux-là, il faut les promener par les rues des villes comme les rois en palanquin du temps jadis ou, mieux encore, comme l'ostensoir, car leur biodégradabilité est comme le pain eucharistique qui fait momentanément corps avec la Présence réelle.

Invitation à jongler

Quand Jésus dit : « Vous êtes dans le monde mais vous n'êtes pas de lui », c'est une invitation à jongler avec, car le contraire revient à le prendre au sérieux, à se prendre soi-même au sérieux, à le traverser la tête basse et la queue entre les pattes, comme un chien battu.

Du moins bon vers le meilleur

Le visible vient de l'invisible. Tout homme qui évolue spirituellement du moins bon vers le meilleur manifeste l'essentiel du mystère du péché originel. Viennent ensuite les images et les cassettes vidéo du catéchisme avec lequel il n'est pas nécessaire de les confondre.

Le péché originel

Le péché originel est une évidence. Il est présent dans tous les textes de toutes les religions intellectuelles. Il veut décrire le libre arbitre de l'homme. Il dénonce le mal et sa transmission-contamination : c'est son côté négatif. Mais il décrit aussi le droit et l'aspiration de l'homme à en émerger : c'est son côté positif. Ce positif et cette émergence sont épiphanisés dans le christianisme par le mystère de la rédemption en Christ.

La perfection du monde

La recette d'utilisation du péché originel, c'est cette phrase de Jésus de Nazareth : « Vous êtes dedans, mais vous n'en êtes pas. » La perfection du monde consiste à manifester sa fondamentale imperfection, c'est-à-dire son état d'évolution. Il n'y a donc aucun reproche à lui faire. Il est atteint d'« éphémerdité » congénitale. Le mot latin *mundus*, qui signifie « pur », nous concerne plus que le monde lui-même puisque son rôle et son but sont justement de nous émonder. Il se présente comme un appareil à décortiquer les fruits. On y est placé comme dans un émondeur. Ainsi, en présence des grandes catastrophes cosmiques, au lieu de voir Dieu comme un potentat en colère et vengeur qui châtie ses mauvais sujets faut-il Le voir comme un champion en train de former ses entraîneurs, un maître nageur qui par tous les moyens pousse les nageurs à traverser.

La théorie de l'évolution

La plus sérieuse métaphore du péché originel est la théorie de l'évolution.

Création et chute sont deux mots pour dire une seule et même chose. Il s'agit de la plus basse marche de l'escalier. L'homme part de cette marche et évolue vers sa destinée, qui est une ascension. La théorie de l'évolution signifie la montée spirituelle dans la matière. La matière mine et révèle le mystère intime de l'homme. L'histoire poétique de la chute n'a d'intérêt que si on la considère comme un point de départ : le point zéro. Le fait de passer d'une marche inférieure à une marche supérieure, voilà ce qui est primordial. S'amuser à contempler le cinéma « chute » est une perte de temps par rapport à ce qui nous est demandé.

La théorie de l'évolution historique matérielle est pleine de manque et c'est pourquoi on la dit « théorie » : elle n'est qu'une métaphore de l'évolution spirituelle – non pas collective mais individuelle – de l'homme qui, lui, est une réalité indiscutable. Toute la théologie chrétienne du mystère de la rédemption venant corriger le péché originel peut être remplacée par l'adhésion à la théorie de l'évolution. Il s'agit de deux langages différents : l'un religieux, biblique, l'autre scientifique. Loin de s'opposer, ils n'ont pas non plus à se compléter ou à s'emboîter l'un dans l'autre ; ils disent la même chose dans une langue différente. Un scientifique qui se met sur orbite spirituelle et entreprend de se diviniser peut trouver dans la théorie de l'évolution tous les arguments nécessaires à sa conviction, tout autant que le religieux qui va chercher cela dans les livres sacrés de la tradition.

Bonnet d'âne

Sur les marche du paradis
Il y a des peaux de bananes
pour éviter aux érudits
d'y recevoir leur bonnet d'âne

Méditation

Il y a des écoles qui prétendent que le monde change grâce à la méditation. C'est une fabulation pédagogique qui a la même fonction que la carotte pour faire avancer l'âne. Précisons cependant que le monde change véritablement pour celui qui médite, mais pas pour celui qui ne médite pas. La parole de Jésus est absolument applicable ici et beaucoup plus qu'au temps de la parousie. « De deux personnes qui habitent la même maison et couchent dans le même lit, l'une est prise, l'autre laissée », dit-il. Cela signifie que l'environnement importe peu : chacun est concerné par la libération et cela n'a rien à voir avec le lit où l'on se trouve.

Quand on attrape un fou furieux et qu'on le met à l'hôpital, avant de pouvoir lui donner les premiers calmants on l'enferme à double tour dans une chambre aux murs matelassés pour qu'il n'aille pas se fendre le crâne en se cognant la tête : on lui change donc provisoirement le monde, puis on l'arrange pour qu'il n'ait plus envie de s'y cogner.

Celui qui se met à méditer régulièrement ne se lève plus à la même heure. Il ne rencontre plus les mêmes personnes, ne lit plus les mêmes livres ni les mêmes journaux, ne regarde plus les mêmes émissions de télévision, ne se nourrit plus de la même façon. Petit à petit, il peut conclure que son monde est changé. Mais celui qui partage sa chambre et ne médite pas rencontre les mêmes agressions journalières : il lit les faits divers criminels et toutes les horreurs, s'arrête aux causes immédiates et condamne aussi bien les faits que les fauteurs, sans distinction.

C'est donc bien la vision du monde qui change, pas le monde lui-même. Il serait d'ailleurs injuste que celui qui ne fait rien pour changer bénéficie du travail de son voisin qui se donne tant de mal. Mais tout cela n'est pas aussi automatique et il est juste de supposer que celui qui médite et qui voit le monde devenir meilleur autour de lui fait envie à tous ceux qui le rencontrent.

Métaphore matérialiste

Le péché originel est le nom qu'on donnait, au Moyen Âge, à la théorie de l'évolution du XIXe siècle. Et la théorie de l'évolution du XIXe siècle est la métaphore matérialiste de la démarche et du dépassement interne de l'homme en voie de divinisation.

Fini le chômage devant la besogne

Ne faudrait-il pas transcrire et adapter le mythe-mystère du péché originel en termes d'aujourd'hui, tant sa traditionnelle catéchèse répugne non seulement aux non chrétiens, mais aussi à ceux qui le sont ? Mais il faudrait faire cela sans toucher à son fondement pédagogique ni aux fruits qu'on est tenu d'en attendre. Ces deux choses étant respectées, l'orthodoxie n'aurait pas à en souffrir. Voici comment on devrait pouvoir le dire :

L'homme est mis en ce monde. Ce monde est un gymnase ou un escalier, c'est-à-dire un lieu de passage, interdit de stationnement et de séjour (le fait d'y passer ne peut le rendre antipathique, seul le fait de vouloir s'y installer est cause de problèmes) : un gymnase où l'on doit recevoir des coups et aussi en donner, un gymnase où il serait ridicule d'arriver avec un transat et une bouteille sous le bras, un escalier où il serait absurde de poser son matelas et son réchaud à gaz.

L'homme, dans le monde, est doué de deux agresseurs-propulseurs : l'un externe, l'autre interne. L'externe, c'est tout ce qui le contrarie, tout ce qui le détache des ventouses (*vanitas*), y compris le pire avec sa panoplie de crimes et d'injustices. L'agresseur interne, c'est tout le paquet de vices et de tendances inavouables qui sont en tout homme, mais qui n'apparaissent que comme des furoncles par-ci par-là sur les plus fragiles, les mal élevés, les mal-culturés, les mal-emboutis.

Grâce à ses deux agresseurs-propulseurs, l'homme aspire à son émancipation. C'est ce qu'on appelle traditionnellement le péché originel. Vu de cette manière, ce dernier perd son aspect répugnant : la culpabilité congénitale et son affligeante indécrottabilité. Le Sauveur-Libérateur est logé à l'intérieur. Il n'est plus un étranger venu du dehors pour mettre fin à la pagaille. Car la pagaille – comme on peut le constater plus que jamais – est toujours là après la venue de ce Sauveur-Libérateur historique. Lui-même n'était pas dupe, ses disciples le sont peut-être.

Le Sauveur-Libérateur est au-dedans et se manifeste chez celui qui comprend comment se comporter dans le gymnase ou dans l'escalier, pour le traverser. Il n'est pas défendu de réparer les marches ou de corriger les engins d'assouplissement, mais ni l'escalier ni le gymnase ne nous appartiennent.

Le péché originel, vu sous cet angle, donne à Jésus un super rôle dans lequel nous sommes enrôlés. Le monde perd aussitôt sa malveillance diabolique.

Le juif errant

Quand j'avais dix ans, mon beau-frère me prenait sur ses genoux et solennellement me chantait la complainte du juif errant :

N'est-il rien sur la Terre
qui soit plus surprenant
que la grande misère
du pauvre juif errant
que son sort malheureux
paraît triste et affreux.

À la fin de la chanson qui le représentait toujours en train de courir le monde, je me disais : « Il n'a qu'à s'arrêter s'il veut. » Mais non. Il ne peut pas, car son incrédulité le condamne à errer. Je me disais qu'au fond il était peut-être content qu'on le plaigne ainsi et qu'il en riait dans sa barbe.

Le mythe du juif errant, le patron des SDF, est un symbole plus grand encore de tout homme de passage sur Terre.

L'expression « incrédulité judaïque » n'était-elle pas une malveillance de la part de la chrétienté ?

Apparemment oui, mais au fond non. C'était une grossière pub pour attirer les juifs dans le giron de la Sainte Église, qui était alors bien reconnue et installée. Quand un juif se convertissait, il héritait automatiquement de tous les droits du citoyen chrétien et pouvait abandonner son métier ignoble de fesse-Matthieu, le seul qu'on lui octroyât. D'un point de vue spirituel on accordait aux juifs le statut du fondateur du christianisme, Jésus, c'est-à-dire le statut de SDF dont il se vante lui-même, pendant que l'Église bien établie se vantait d'être reconnue et bien installée, et continuait à prêcher l'Évangile de son fondateur – où celui-ci se vante de n'avoir ni feu ni lieu, pas même un oreiller de renard pour dormir, un simple caillou.

L'Israël spirituel

C'est une énorme provocation raciste qui sort de la bouche de Jésus de Nazareth quand il dit à la Cananéenne : « On ne donne pas aux chiens le pain des enfants. » Dire une chose pareille provoquerait aujourd'hui un grand débat au pays des droits de l'homme.

Jésus n'a d'excuse que l'humour. La preuve en est que la Cananéenne répond avec humour et sublime humilité. Elle n'est pas une fille d'Israël et ne peut l'être en aucun cas matériellement. Mais elle peut faire partie de l'Israël spirituel. Tel est le but de la provocation de Jésus : l'y introduire. La réponse de la Cananéenne équivaut à une déclaration d'appartenance à l'Israël spirituel.

Il en va de même pour l'Église. Il n'est pas question de faire partie de l'Église visible à tous – ce serait prétentieux et possessif – mais un comportement de vie manifeste cette appartenance.

Intrusion
dans l'endroit du monde

J'étais amené au tribunal suprême, ce qu'on appelle traditionnellement le Jugement particulier, le Jugement dernier, etc.

L'ange appariteur ouvrit le livre et se mit à feuilleter ma vie en hochant la tête, disant : « Voyons, voyons... Péchés véniels, péchés mortels...

– Pardon, monsieur l'ange, dis-je, je refuse l'expression "péché véniel".

– Qu'est-ce que vous voulez dire ?

– Je veux dire que je ne reconnais que les péchés mortels, je veux dire que là où il est écrit "véniel", il faut mettre "mortel"...

– C'est grave, pour le moment de la condamnation...

– Je demande le maximum !

– Vous savez ce que cela entraîne ?

– Oui, l'enfer... Mais c'est tout à fait ce que je mérite. »

Et sans attendre la suite du jugement, j'y allai en volant.

Arrivé en enfer, je fis une pancarte : « COMPLET » et l'accrochai à la porte. Puis, m'adressant à tous les damnés : « Sortez, c'est moi le patron ici... Il n'y a que moi qui l'ai mérité et j'hérite donc de ce lieu. »

Pourquoi serait-on plusieurs dans l'éternité ?

Dieu est seul, il ne supporte pas de second... moi non plus. Le nombre appartient au temps. Ou l'enfer est dans le temps et il est plein de monde, ou il est éternel et il n'y a personne.

Ceci dit, ceci vu... je me retrouvai à l'entrée du *nirvana*. J'aperçus soudain une troupe de fantômes assis en rond, voilés, dans la plus grande inquiétude.

« Que faites-vous là ?

– Nous attendons notre réincarnation. »

Juste à ce moment, un ange arriva en danseuse, qui dit : « La réincarnation est abolie, il va falloir trouver autre chose. » Il s'assit au milieu de la bande et ajouta : « Savez-vous ce qui est arrivé à Gandhi quand il est venu ici, aussitôt après son enterrement de première classe ?

– Dites-nous, répondirent les fantômes.

– Je lui ai demandé : "Est-il vrai que dans ton autobiographie tu as dit que si tu devais te réincarner tu voulais que ce soit dans un corps d'intouchable ?

– Oui, m'a-t-il répondu, je l'ai dit et je le répète.

– Ah ! Ah ! Ah ! me suis-je écrié avec tous les collègues de la cour céleste, cela a déjà été fait tout au long de ta vie, grand rigolo..."

– Nous autres, s'écrièrent les fantômes, nous souhaitons nous réincarner dans n'importe quoi, mais pas ça.

– Eh bien il va falloir trouver autre chose, car la réincarnation vient d'être abolie. Plus d'enfer, plus de réincarnation, un *nirvana*-royaume des cieux pour tout le monde... Ah ! Il y aura peut-être un purgatoire... On va voir ça. »

Tous les fantômes attendaient une réponse dans le plus grand désarroi.

« Il n'y pas de purgatoire, déclara cet ange hérétique, les ailes frétillantes de certitude. Allez ouste ! Tout le monde au royaume des cieux, et dare-dare !

– Non, non ! On ne peut pas y aller, on aurait trop honte !

– Eh bien voilà le purgatoire, dit l'ange, le purgatoire, c'est la honte. Ayez honte, la Béatitude vous arrivera quand vous aurez purgé votre honte au milieu des élus parmi lesquels vous n'avez pas mérité de séjourner. »

On dut alors les traîner jusqu'au royaume des cieux, car la honte les tirait tellement en arrière qu'ils pouvaient à peine avancer. La porte s'ouvrit et le manteau du premier fut happé par la main d'un petit garçon dont le crâne irradiait une lumière extraordinaire.

« Allons viens, dit-il, viens ! » Mais l'autre, ce gros pansu, velu, tordu, plié de honte en deux, n'osait lever ni les yeux ni la tête.

« Regarde-moi, disait l'enfant, j'ai payé pour toi. J'avais un cancer dans le crâne, et j'en suis mort. Toi, tu ne pouvais pas payer tes bêtises, tu te serais encore plus révolté et enfoncé, alors c'est à moi qu'on a demandé de payer. Allons, entre ! »

L'homme tomba aux pieds de l'enfant et de ses yeux coulaient des torrents de larmes.

« Tu vois, dit l'enfant, tes pleurs sont ton purgatoire. Tu n'aurais pas pu verser une larme sur la Terre tant tu étais orgueilleux. Maintenant tu le peux et c'est bien, mais arrête, mes pieds sont propres. » L'homme tordu, velu, pansu ne pouvait s'arrêter de pleurer. L'enfant lui dit :

« Tu vois, avant tu écrasais tout le monde, et maintenant c'est un enfant qui te domine, mais sans prétention. C'est mon lot, c'est le retour des choses. Qu'aurais-tu fais de ta réincarnation, espèce de redoubleur de classes ? Idiot... Reçois ce baiser, par-dessus le marché. »

Et l'enfant le prit dans ses petits bras, mais l'homme était si honteux qu'il roula par terre : « Pardon par le ciel, mille ans de purgatoire et d'enfer ne m'auraient pas autant fait souffrir que ce baiser... » Et il redevint tout à coup un enfant. *Amen.*

Après cela, je fus transporté au bord de l'océan pour une leçon. Une vague plongeait dans l'océan. Je m'attendais à ce qu'elle s'écrie : « Aïe ! Je disparais... Aïe, j'entre dans le néant, je suis absorbée et je n'existe plus, aïe, ce *nirvana* me pompe, m'engloutit, me réduit à zéro... », mais j'entendis tout le contraire : « Aïe ! Je deviens l'océan. Aïe ! Je deviens Dieu. Aïe ! Il n'y a plus que moi. Aïe ! Je suis la Béatitude, la Vérité, *El Adj*, et, quoi qu'en pensent tous les théologiens de la Terre, l'humilité même. *Amen.* »

Une nuit, j'ai rêvé que j'étais un bébé dans le sein maternel. Je suis sorti en tirant sur le cordon ombilical et je me suis vu dans une maternité. Il y avait plein d'autres bébés en train de téter leur mère et je me suis senti frustré car j'avais beau tirer sur le cordon, je n'arrivais pas aux tétons.

J'entendis la voix de maman : « Tu rentres immédiatement ou je coupe le cordon ! » Alors je suis rentré en toute hâte, à reculons. Je me suis réveillé. C'était en réponse à des grenouilles de bénitier qui me reprochaient de nager en dehors du bénitier.

Le but de la vie

Celui dont le but dans la vie est de s'identifier à ce qu'on appelle méchanceté, vice, imperfection, bassesse morale, impudicité... sera contrarié et malheureux. Il aura pour adversaire la nature, les bien-pensants, les saints, le Verbe, le Principe.

Celui dont le but dans la vie est de s'identifier au bien, à la bonté, à la charité, à la chasteté, à la sainteté sera contrarié et malheureux. Il aura pour adversaire des nuits, les méchants, les imparfaits jaloux, des diables et il aura des peurs.

Celui dont le but dans la vie est de s'identifier au Verbe incarné passera par le crucifiement ou le frôlera. Il aura pour adversaire les démons, les méchants, les imparfaits, les saints eux-mêmes, le Père lâcheur, comme cela est arrivé à celui qu'on sait et qui, à cause de sa mission, ne pouvait s'y soustraire, car il est venu pour évangéliser les pauvres, autrement dit les déspiritualisés.

Mais celui dont le but dans la vie est de s'identifier au Principe échappera à toute adversité en l'épousant, comme un estomac échappe à l'indigestion en digérant.

Interpréter le monde

Le monde est toujours jeune et joyeux, tel un gymnaste qui a soin de continuellement renouveler et moderniser ses appareils d'assouplissement. Il est donc plutôt merveilleux et ne mérite ni blâme ni mépris. Il n'y a rien à enlever de ses meubles, de ses instruments de travail ou même de torture. Celui qui se plaint au lieu de sourire en est indigne.

Une des meilleures métaphores du monde est le darwinisme. En faire une étude matérialiste qui consiste à se fatiguer pour retrouver les joints perdus, les espèces disparues et se creuser les méninges et le portefeuille pour en prouver l'authenticité matérielle est semblable au travail gigantesque de la vieille Bible de Vence qui tout au long de chapitres interminables s'interrogeait sur la localisation géographique du paradis terrestre. L'évolutionnisme est une puissante métaphore pédagogique, toute sa vérité est là et non dans ces certitudes historiques. Toute sa transcendante signification est résumée dans l'apophtegme des Upanishads :

Passer de l'obscur à la lumière
de l'ignorance à la connaissance
du mensonge à la Vérité.

Et tout ce qu'il y a dans le monde est instrument :
« Fais cela et tu vivras ! »
Toute la signification métaphorique de la Genèse est aussi un conte de fée qui raconte le passage de l'homme du terreux au divin.

Apocalypse

L'Apocalypse, à l'autre bout de la Bible, est le cinéma que s'est fait saint Jean après avoir entendu Jésus raconter la parabole de la dame qui met sens dessus dessous son appartement pour retrouver son trésor perdu : sa divinisation. Tout est dans la maison. Toute l'Apocalypse est au-dedans de soi.

Épilogue

On vient à peine de comprendre que la parole de Jésus : « Je ne suis pas venu abolir », concerne le monde entier et pas seulement la Palestine. En aucun cas Jésus n'a aboli les aphorismes de Patanjali ou les sermons du Bouddha. Quand j'ai lu de lui que le sabbat était pour l'homme et pas le contraire, tout s'est mis à danser autour de moi et moi aussi j'ai dansé.

> *Toi qui choisis d'être bélier*
> *en ta renaissance éternelle*
> *qui d'un coup de front su défier*
> *rocher, tombeau et sentinelles.*
>
> *Ta résurrection cependant*
> *ce qui la rend surtout fameuse*
> *c'est d'avoir évité à temps*
> *l'emballage des embaumeuses.*
>
> *C'est ça le mystère pascal*
> *malgré ce qui nous environne*
> *tout passer sans faire de mal*
> *en ne s'en prenant à personne*
>
> *Ressusciter pascalement*
> *c'est atteindre à la paix suprême*

sans s'en prendre aux événements
en ne s'en prenant qu'à soi-même.

Terminons ces pages en célébrant mon professeur de danse et de jonglerie. Le grand chorégraphe, le Verbe, sort des coulisses et n'y vient pas avant d'avoir accompli sa parfaite chorégraphie (*dixit* la Bible). Le Verbe incarné reproche à ses contemporains de ne pas danser quand il joue de la flûte. Les contemporains du Verbe, incarné ou pas, c'est n'importe qui n'importe où de n'importe quand. Lui, mon professeur de danse, jusqu'au bout, même cloué sur deux tringles de bois comme un hibou par les malfrats, se permet la pire pirouette en disant : « Père, pardonnez-leur, ils ne savent pas ce qu'ils font ». Une pirouette, c'est l'art de laisser pantoises des oreilles tendues pour recevoir des banalités. Pirouette insupportable qui lui permet d'échapper au ressentiment, ce serpent éternel qui envenime tous les rampants de la terre.

Jacta cogitationes in Domino et Ipse te enutreiet. C'est dans le ciel qu'il faut jeter ses revendications si on ne veut pas être mordu. C'est pour cela que Moïse avait dressé le serpent sur un poteau : pour que ses paroissiens relèvent la tête et le regardent danser en l'air. Regarder vers le ciel procure la guérison. Ramper aux pieds des ministères encore plus rampants que soi procure le venin. Pour être envenimé par n'importe quoi, il faut ramper. Pour être sauvé de n'importe quoi, il n'est que de loucher vers l'infini.

Au paradis, tout le monde danse. La vie danse sur la mort. L'éternité danse sur le temps. Shiva danse sur son cadavre. Le Verbe éternel danse sur son incarnation.

Dans le paradis perdu, tous se tiennent raides comme des manches, comme au culte le dimanche. Heureusement qu'un gamin s'échappe parfois du giron de sa mère et s'en va faire des galipettes jusque sous l'autel.

Dans le paradis réintégré, toute le monde danse. Adam y danse. Ève y danse. C'est une évidence !

Déjà parus

Achevé d'imprimer en novembre 1998
aux Presses de Provence
Avignon

Dépôt légal : novembre 1998
N° d'imprimeur : 2093
Imprimé en France